*westermann*

Michael Sieber, Rafael Echtler

# Prüfungswissen KOMPAKT

## Kaufmann/Kauffrau im Einzelhandel
## Verkäufer/Verkäuferin

11. Auflage

Bestellnummer 27713

**Zusatzmaterialien zu 27713**

Für Lehrerinnen und Lehrer:

BiBox Einzellizenz für Lehrer/-innen (Dauerlizenz):
978-3-427-27725-5
BiBox Kollegiumslizenz für Lehrer/-innen (Dauerlizenz):978-3-427-27732-3
BiBox Kollegiumslizenz für Lehrer/-innen (1 Schuljahr):
978-3-427-28184-9

Für Schülerinnen und Schüler

BiBox Einzellizenz für Schüler/-innen (1 Schuljahr):
978-3-427-28192-4
BiBox Klassensatz PrintPlus (1 Schuljahr):
978-3-427-28200-6

*westermann* GRUPPE

© 2023 Bildungsverlag EINS GmbH, Ettore-Bugatti-Straße 6-14, 51149 Köln
www.westermann.de

Druck und Bindung: Westermann Druck GmbH, Georg-Westermann-Allee 66, 38104 Braunschweig

ISBN 978-3-427-**27713**-2

# Vorwort

Das vorliegende Buch bietet für die Ausbildungsberufe „Kaufmann/-frau im Einzelhandel" sowie „Verkäufer/-in" in knapper Form eine übersichtliche Zusammenfassung aller für die IHK-Abschlussprüfung relevanten Lerninhalte. Dieses Buch kann keine Lehrbücher ersetzen. Es ist vielmehr als Nachschlagewerk konzipiert, das eine straffe und ökonomische Prüfungsvorbereitung für Klassenarbeiten sowie die Abschlussprüfung ermöglicht. Darüber hinaus kann es auch für den Unterricht an der Berufsschule eine hilfreiche Ergänzung sein.

Die nachfolgenden Übersichten veranschaulichen, ausgehend vom IHK-Prüfungskatalog, welche Kapitel des Buches für welches Prüfungsfach relevant sind. Einige Lerninhalte sind zum Teil für mehrere Prüfungsfächer bedeutsam. Dies gilt insbesondere für die Kapitel C „Warenwirtschaft" und E „Rechnungswesen".

Die Abschlussprüfung im Ausbildungsberuf Kaufmann/Kauffrau im Einzelhandel besteht aus zwei Teilen („gestreckte Abschlussprüfung"). Teil 1 wird schriftlich am Ende des 2. Ausbildungsjahres in den Prüfungsfächern „Verkauf und Werbemaßnahmen", „Warenwirtschaft und Kalkulation" und „Wirtschafts- und Sozialkunde" durchgeführt. Inhalte und Aufgabenstellungen sind identisch mit der zeitgleich geprüften Abschlussprüfung des Ausbildungsberufes Verkäufer/-in. Damit gilt die Verkäuferabschlussprüfung bei Fortsetzung der Ausbildung im Beruf Kaufmann/-frau im Einzelhandel als 1. Teil der Abschlussprüfung. Teil 2 wird am Ende der Ausbildung schriftlich im Prüfungsfach „Geschäftsprozesse im Einzelhandel" und mündlich im fallbezogenen Fachgespräch durchgeführt.

Verfasser und Verlag wünschen Ihnen nicht nur viel Erfolg beim Arbeiten mit diesem Buch, sondern auch die gewünschten Prüfungsergebnisse!

Bayreuth, im Herbst 2022                                              *Die Verfasser*

## Prüfungsmodalitäten

### Teil 1 der gestreckten Abschlussprüfung für Einzelhandelskaufleute (entspricht der Abschlussprüfung für Verkäufer/-innen) am Ende des 2. Ausbildungsjahres

| Prüfungsfach | Dauer (in Min.) | Aufgabentyp | Inhalte | |
|---|---|---|---|---|
| Verkauf und Werbemaßnahmen | 90 | ungebunden (offene Fragen) | B 1 | Arbeitsmethoden |
| | | | B 2 | Warensortiment |
| | | | B 3 | Beratung und Verkauf |
| | | | B 4 | Servicebereich Kasse |
| | | | B 5 | Einflussfaktoren auf die Warenpräsentation |
| | | | B 6 | Onlinehandel |
| | | | B 7 | Kundenservice |
| | | | D 4 | Absatz |
| Warenwirtschaft und Kalkulation | 60 | gebunden (Multiple Choice) | B 4 | Servicebereich Kasse |
| | | | C 1 | Warenwirtschaft und Warenwirtschaftssystem |
| | | | C 2 | Wareneingang |
| | | | C 3 | Warenlagerung |
| | | | D 3 | Beschaffung |
| | | | E 1 | Aufgaben und Teilbereiche des Rechnungswesens |
| | | | E 2 | Kaufmännisches Rechnen |
| | | | E 3 | Kostenrechnung/Kalkulation |
| Wirtschafts- und Sozialkunde | 60 | gebunden (Multiple Choice) | A 1 | Wirtschaftliche Grundbegriffe |
| | | | A 2 | Rechtliche Rahmenbedingungen |
| | | | A 3 | Menschliche Arbeit im Betrieb |
| | | | A 4 | Arbeitssicherheit und Umweltschutz |
| | | | D 5 | Personalwirtschaft |

## Teil 2 der gestreckten Abschlussprüfung für Kaufleute im Einzelhandel am Ende der Ausbildung

| Prüfungsfach | Dauer (in Min.) | Aufgabentyp | Inhalte | |
|---|---|---|---|---|
| Geschäftsprozesse im Einzelhandel | 120 | ungebunden (offene Fragen) | A 2 | Rechtliche Rahmenbedingungen des Wirtschaftens |
| | | | B 6 | Onlinehandel |
| | | | C 1 | Warenwirtschaft und Warenwirtschaftssystem |
| | | | C 2 | Wareneingang |
| | | | C 3 | Warenlagerung |
| | | | D 1 | Stellung, Aufgaben und Leistungen des Einzelhandels |
| | | | D 2 | Organisation |
| | | | D 3 | Beschaffung |
| | | | D 4 | Absatz |
| | | | D 5 | Personalwirtschaft |
| | | | D 6 | Investition und Finanzierung |
| | | | E 1 | Aufgaben und Teilbereiche des Rechnungswesens |
| | | | E 3 | Kostenrechnung/Kalkulation |
| | | | E 4 | Buchführung |
| | | | E 5 | Statistik |
| | | | E 6 | Controlling |
| mündliche Prüfung (15 Min. Vorbereitungszeit, 20 Minuten Prüfungsgespräch) | 20 | branchenbezogenes Fachgespräch | auf der Grundlage einer ausgewählten Wahlqualifikationseinheit, Warengruppen werden berücksichtigt | |

# Gewichtung der Prüfungsbereiche und Anforderungen für das Bestehen der Abschlussprüfung

## → Prüfung Verkäuferin/Verkäufer

1. Gewichtung
   - Verkauf und Werbemaßnahmen                25 %
   - Warenwirtschaft und Kalkulation           15 %
   - Wirtschafts- und Sozialkunde              10 %
   - Fachgespräch in der Wahlqualifikation     50 %

2. Bestehensregelung
   - Gesamtergebnis: mindestens „ausreichend" (= 50 Punkte)
   - Fachgespräch in der Wahlqualifikation: mindestens „ausreichend"
   - mindestens zwei weitere Prüfungsbereiche mit „ausreichend" **und**
   - in keinem Prüfungsbereich ein „ungenügend"

3. Mündliche Ergänzungsprüfung
   - auf Antrag des Prüflings in einem der schriftlichen Prüfungsbereiche, wenn der Prüfungsbereich mit schlechter als „ausreichend" bewertet wurde und die mündliche Ergänzungsprüfung den Ausschlag für das Bestehen geben kann
   - Zeitumfang: 15 Minuten
   - Gewichtung: Die Note der schriftlichen Prüfung zählt im Verhältnis zur mündlichen Ergänzungsprüfung mit 2 : 1.

## → Prüfung Kaufleute im Einzelhandel

1. Gewichtung
   - Verkauf und Werbemaßnahmen                15 %
   - Warenwirtschaft und Kalkulation           10 %
   - Wirtschafts- und Sozialkunde              10 %
   - Geschäftsprozesse im Einzelhandel         25 %
   - Fachgespräch in der Wahlqualifikation     40 %

2. Bestehensregelung
   - Gesamtergebnis von Teil 1 und 2: mindestens „ausreichend" (= 50 Punkte)
   - Prüfungsbereich „Geschäftsprozesse im Einzelhandel": mindestens „ausreichend"
   - Fachgespräch in der Wahlqualifikation: mindestens „ausreichend"

3. Mündliche Ergänzungsprüfung
   - auf Antrag des Prüflings in einem der schriftlichen Prüfungsbereiche, wenn der Prüfungsbereich mit schlechter als „ausreichend" bewertet wurde und die mündliche Ergänzungsprüfung den Ausschlag für das Bestehen geben kann
   - Zeitumfang: 15 Minuten
   - Gewichtung: Die Note der schriftlichen Prüfung zählt im Verhältnis zur mündlichen Ergänzungsprüfung mit 2 : 1.

# Inhaltsverzeichnis

# A

# WIRTSCHAFTS- UND SOZIALKUNDE

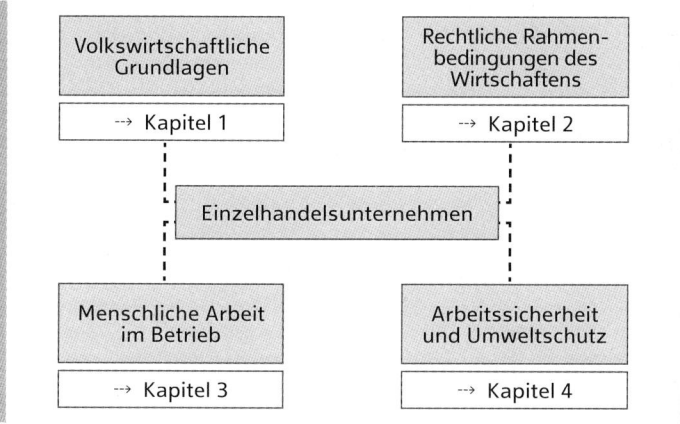

RAHMENBEDINGUNGEN

| Volkswirtschaftliche Grundlagen | Rechtliche Rahmen-bedingungen des Wirtschaftens |
|---|---|
| --> Kapitel 1 | --> Kapitel 2 |

Einzelhandelsunternehmen

| Menschliche Arbeit im Betrieb | Arbeitssicherheit und Umweltschutz |
|---|---|
| --> Kapitel 3 | --> Kapitel 4 |

RAHMENBEDINGUNGEN

# 1 Volkswirtschaftliche Grundlagen

## 1.1 Bedürfnisse, Bedarf, Nachfrage, Güter

▶ Unter **Bedürfnissen** versteht man die Mangelempfindungen der Menschen, die diese zu beheben bestrebt sind.

**Überblick über die einzelnen Bedürfnisarten**

| Einteilung | Arten | Beispiele | Mittel der Befriedigung (Güter) |
|---|---|---|---|
| **Nach der Dringlichkeit** | Existenzbedürfnisse (absolute Bedürfnisse = Primärbedürfnisse) | *Hunger, Durst* | Nahrung, Getränke |
| | Kultur- und Luxusbedürfnisse (relative Bedürfnisse = Sekundärbedürfnisse) | *Erholung, Freizeit* | Urlaubsreise, Segelyacht |
| **Nach dem Gegenstand** | materielle Bedürfnisse | *Wohnraum* | Haus |
| | immaterielle Bedürfnisse | *Sicherheit und Schutz der Wohnungseinrichtung* | Hausratversicherung |
| **Nach den gesellschaftlichen Befriedigungsmöglichkeiten** | Individualbedürfnisse (Bedürfnisse, die bei einer einzelnen Person auftreten) | *Hunger, Durst* | Nahrung, Getränke |
| | Kollektivbedürfnisse (Bedürfnisse, die von einer Gemeinschaft ausgehen) | *Sicherheit, Bildung* | Polizei, Schulen |

▶ Als **Bedarf** bezeichnet man die mit Kaufkraft versehenen Bedürfnisse.

▶ Nachfrage nennt man den auf dem Markt erscheinenden Bedarf.

▶ Güter sind Mittel, die den Menschen Nutzen stiften.

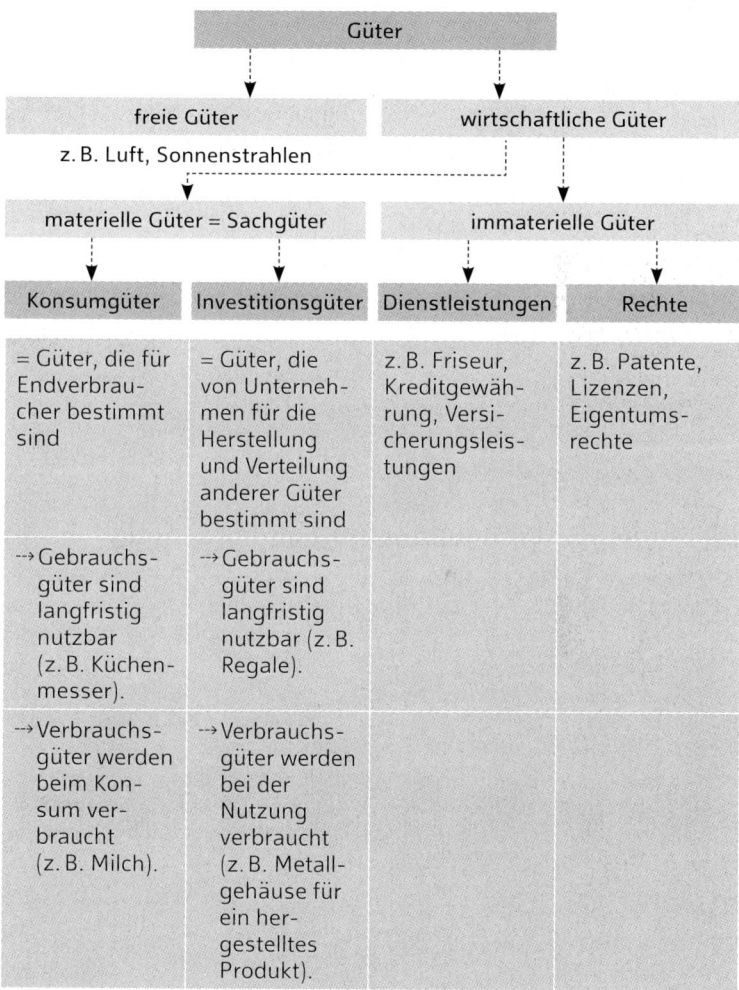

| Güter | | | |
|---|---|---|---|

| freie Güter | wirtschaftliche Güter | | |
|---|---|---|---|
| z. B. Luft, Sonnenstrahlen | | | |

| materielle Güter = Sachgüter | | immaterielle Güter | |
|---|---|---|---|
| Konsumgüter | Investitionsgüter | Dienstleistungen | Rechte |
| = Güter, die für Endverbraucher bestimmt sind | = Güter, die von Unternehmen für die Herstellung und Verteilung anderer Güter bestimmt sind | z. B. Friseur, Kreditgewährung, Versicherungsleistungen | z. B. Patente, Lizenzen, Eigentumsrechte |
| → Gebrauchsgüter sind langfristig nutzbar (z. B. Küchenmesser). | → Gebrauchsgüter sind langfristig nutzbar (z. B. Regale). | | |
| → Verbrauchsgüter werden beim Konsum verbraucht (z. B. Milch). | → Verbrauchsgüter werden bei der Nutzung verbraucht (z. B. Metallgehäuse für ein hergestelltes Produkt). | | |

## 1.2 Ökonomisches Prinzip

### Maximalprinzip

Mit den gegebenen Mitteln ist der größtmögliche Erfolg zu erzielen. *Beispiel: Mit einem vollen Tank sollen so viele km wie möglich gefahren werden.*

### Minimalprinzip

Ein geplanter Erfolg ist mit dem geringstmöglichen Mitteleinsatz zu erzielen. *Beispiel: Für die Strecke München–Hamburg soll so wenig Sprit wie möglich verbraucht werden.*

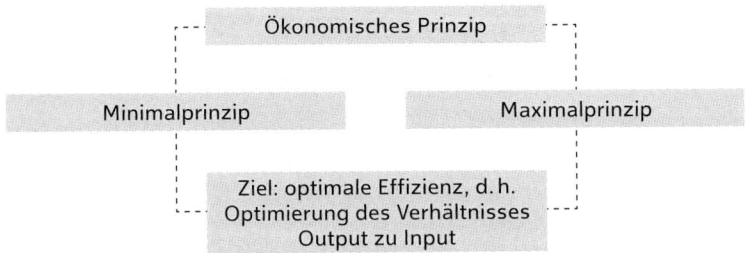

## 1.3 Ziele erwerbswirtschaftlicher Betriebe

Einzelhandelsbetriebe handeln im Gegensatz zu gemeinnützigen Organisationen (z.B. Caritas, Malteser Hilfsdienst u.a.) nach dem erwerbswirtschaftlichen Prinzip. Die obersten Unternehmensziele sind daher:

→ operativ (= kurzfristig): Gewinnmaximierung, Liquiditätssicherung

→ strategisch (= langfristig): Existenzsicherung

Neben den operativen und strategischen Oberzielen streben Unternehmen eine Vielzahl von unterschiedlichen Zielen in unterschiedlichen Zielkategorien an. Dabei spielen die wirtschaftlichen Ziele für erwerbswirtschaftliche Betriebe immer die dominante Rolle.

| Wirtschaftliche Ziele | Soziale Ziele | Ökologische Ziele | Gesellschaftliche Ziele |
|---|---|---|---|
| z. B.<br><br>→ Gewinn-maximierung<br><br>→ Umsatz-steigerung<br><br>→ Absatz-steigerung<br><br>→ Steigerung der Eigen-kapitalrendite<br><br>→ Erschließung neuer Märkte<br><br>→ Erhöhung des Markt-anteils | z. B.<br><br>→ Arbeitsplatz-sicherung<br><br>→ Sozialleis-tungen für Beschäftigte<br><br>→ Arbeits-zufriedenheit der Beschäf-tigten | z. B.<br><br>→ ressourcen-schonende Herstellungs-verfahren<br><br>→ Umweltver-träglichkeit der Produkte<br><br>→ umwelt-schonende Entsorgung<br><br>→ Recycling | z. B.<br><br>→ positives Un-ternehmens-image<br><br>→ Corporate Identity (Un-ternehmens-identität, sprich Un-verwechsel-barkeit des Unterneh-mens)<br><br>→ politischer Einfluss |

# 1.4 Wirtschaftskreislauf

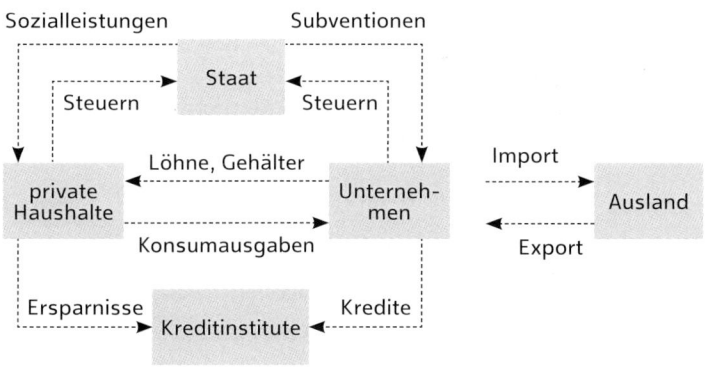

Bei den Geldströmen im Wirtschaftskreislauf unterscheidet man zwischen Import und Export. Beim Import fließt Geld von den Unternehmen ins Ausland. Beim Export dagegen fließt das Geld vom

Ausland in die inländischen Unternehmen. Bei den Zahlungs-
strömen zwischen privaten Haushalten und den Kreditinstituten
wird davon ausgegangen, dass die privaten Haushalte per Saldo
mehr sparen als Kredite aufnehmen und dass von den Unternehmen per Saldo mehr Kredite aufgenommen als Ersparnisse einge-
legt werden.

## 1.5  Begriff und Funktionen des Marktes

Als Markt bezeichnet man den gedachten oder tatsächlichen
Ort, wo Angebot und Nachfrage aufeinandertreffen und sich
ein Preis bildet.

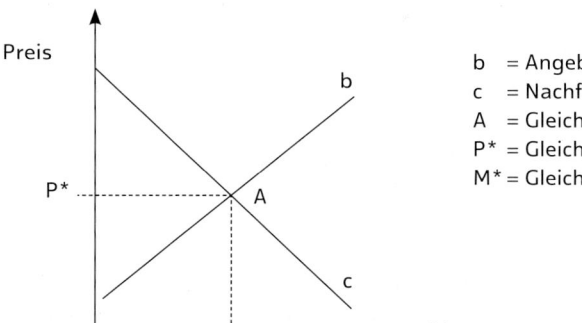

b = Angebot
c = Nachfrage
A = Gleichgewichtspunkt
P* = Gleichgewichtspreis
M* = Gleichgewichtsmenge

| Nachfrage steigt | c verschiebt sich parallel nach rechts oben | P* steigt und M* steigt |
|---|---|---|
| Nachfrage sinkt | c verschiebt sich parallel nach links unten | P* sinkt und M* sinkt |
| Angebot steigt | b verschiebt sich parallel nach rechts unten | P* sinkt und M* steigt |
| Angebot sinkt | b verschiebt sich parallel nach links oben | P* steigt und M* sinkt |

Je nach Güterart, Organisation und Zugangsmöglichkeiten unterscheidet man folgende Märkte:

→ Faktormärkte (Arbeits- und Kapitalmarkt)
→ Gütermärkte (Sachgüter und Dienstleistungen)

--> organisierte Märkte (Flohmärkte)
--> nicht organisierte Märkte (eBay)
--> offene Märkte (freier Marktzutritt)
--> geschlossene Märkte (Großmärkte)
--> regionale, nationale, internationale Märkte

| Zahl der Nachfrager / Zahl der Anbieter | einer | wenige | viele |
|---|---|---|---|
| **einer** | zweiseitiges Monopol (z. B. Markt für spezielle Sonderanfertigungen) | beschränktes Angebotsmonopol (z. B. Markt für patentierte medizinische Spezialgeräte) | Angebotsmonopol (z. B. Markt für die Zustellung von Briefen Postmonopol) |
| **wenige** | beschränktes Nachfragemonopol (z. B. Markt für Rüstungsgüter) | zweiseitiges Oligopol (z. B. Flugzeugmarkt) | Angebotsoligopol (z. B. Benzinmarkt) |
| **viele** | Nachfragemonopol (z. B. Staat als einziger Nachfrager nach Autobahnen) | Nachfrageoligopol (z. B. Markt für Obstverwertung) | Polypol (z. B. Lebensmittelmarkt) |

# 1.6    Kooperation und Konzentration

Schließen sich Unternehmen gezielt zusammen, spricht man von Kooperation und Konzentration. Konzentrationsprozesse bis hin zu Monopolstellungen auf der Anbieterseite schwächen zwar in der Regel die Position der Nachfragenden, sind aber nicht grundsätzlich illegal. So kann eine Monopolstellung beispielsweise auch durch eine technische Innovation entstehen *(Beispiel: VW erfindet ein Auto mit einem Benzinverbrauch von nur einem Liter auf 100 km)*. Auch das Angebot von seltenen Rohstoffen kann in der Hand eines einzigen Anbieters sein, ohne dass es ungesetzlich wäre.

Die wichtigsten Formen solcher Unternehmenszusammenschlüsse sind im Folgenden erläutert.

## Kartelle

Wenn gleichartige Betriebe zur Beeinflussung des Marktes Abmachungen treffen, spricht man von Kartellen. Die Kontrolle erfolgt durch das Bundeskartellamt auf der Grundlage des Gesetzes gegen Wettbewerbsbeschränkungen (GWB). Kartelle sind grundsätzlich verboten (§ 1 GWB).

Nach § 2 GWB ist jedoch unter bestimmten Voraussetzungen eine Freistellung vom Kartellverbot möglich, wenn der Wettbewerb durch das Kartell nicht augeschaltet wird (System der Legalausnahme). Ebenfalls nicht verboten sind Mittelstandskartelle, bei denen es darum geht, die Wettbewerbsfähigkeit kleiner und mittlerer Unternehmen zu verbessern (§ 3 GWB).

**Beispiele** *für verbotene Kartelle:*

→ **Preiskartell:** vereinbarte Verkaufspreise werden nicht unterschritten
   **Beispiel:** *Alle Mineralölgesellschaften vereinbaren, dass sie in Zukunft für Diesel genau 2,00 EUR pro Liter verlangen werden.*

→ **Quotenkartell:** Jedem Mitglied wird nur ein ganz bestimmtes Produktions- oder Verkaufskontingent, also eine bestimmte Quote, gestattet.
   **Beispiel:** *Beim Bau öffentlicher Kläranlagen sprechen sich die Anbieter gegenseitig ab, wer bei einer Ausschreibung welchen Preis für einen Kläranlagenneubau anbietet. Da die Preise abgestimmt sind, steht schon vorher fest, wer den Auftrag jeweils bekommen wird. Durch dieses abgesprochene Verhalten wird sichergestellt, dass jedes Unternehmen regelmäßig Aufträge erhält. Zudem wird der Preis künstlich hoch gehalten.*

## Konzerne

Die beteiligten Unternehmen bleiben nach außen hin bestehen, sie geben jedoch ihre wirtschaftliche Selbstständigkeit auf.

**Beispiel:** *Der niederländische Konsumgüterkonzern Unilever kauft das Unternehmen Langnese auf. Das Unternehmen Langnese besteht weiterhin, ist jedoch wirtschaftlich unter der Leitung von Unilever.*

## Trusts

Vereinigen sich zwei oder mehr Unternehmen unter Aufgabe ihrer wirtschaftlichen und rechtlichen Selbstständigkeit, so spricht man von einer Verschmelzung (Fusion).

**Beispiel:** *Vereinigung von Daimler-Benz mit dem amerikanischen Autokonzern Chrysler zu Daimler-Chrysler durch einen Aktientausch (2007 hat der Daimler-Konzern Chrysler wieder verkauft)*

# 1.7 Produktionsfaktoren

**Betriebswirtschaftliche Produktionsfaktoren**

| Elementarfaktoren | Dispositive Faktoren |
|---|---|
| ⇢ ausführende Arbeit | ⇢ betriebliche Führung |
| ⇢ Waren | ⇢ Planung |
| ⇢ Standort | ⇢ Organisation |
| ⇢ Ausstattung | ⇢ Überwachung |

Kombination = Zusammenwirken der Produktionsfaktoren
Substitution = Austausch der Produktionsfaktoren

**Volkswirtschaftliche Produktionsfaktoren**

| Boden | Arbeit | Kapital | Bildung |
|---|---|---|---|
| ⇢ Anbaufaktor<br>⇢ Abbaufaktor<br>⇢ Standort-faktor | ⇢ dispositive (anordnende, verwaltende, organisierende) Arbeit<br>⇢ ausführende Arbeit | ⇢ produzierte Produktionsmittel: Kombination aus Boden und Arbeit<br>⇢ wird durch Konsumverzicht gebildet | ⇢ Technisches Wissen und technischer Fortschritt müssen durch Ausbildung und Bildung vermittelt werden. |
| ursprüngliche Produktionsfaktoren | | abgeleitete Produktionsfaktoren | |

# 1.8 Arbeitsteilung

| Gesellschaftliche Arbeitsteilung | Technische Arbeitsteilung | Volkswirtschaftliche Arbeitsteilung | Internationale Arbeitsteilung |
|---|---|---|---|
| → Aufteilung der Arbeit nach Alter (Phase des Lernens, des Arbeitens und des Ruhestands) <br> → Berufsspaltung (Spezialisierung, z. B. Neurologie, Augenheilkunde, Orthopädie etc.) | → Arbeitszerlegung in repetitive (= sich wiederholende) Teilarbeiten (z. B. Fließbandarbeit in der Massenproduktion) <br> → Der Einsatz von Maschinen ersetzt die menschliche Arbeitskraft (z. B. Automat zur automatischen Leergutannahme). | → primärer Sektor: Urerzeugung (z. B. Landwirtschaft, Kohlebergbau) <br> → sekundärer Sektor: Weiterverarbeitung (z. B. Lebensmittelindustrie) <br> → tertiärer Sektor: Verteilung und sonstige Dienstleistungen (z. B. Einzelhandel) | Bestimmte Länder spezialisieren sich aus verschiedenen Gründen auf die Herstellung bestimmter Produkte, z. B.: <br> → Güter kommen nur in bestimmten Ländern vor (z. B. Erdöl, Bananen). <br> → Güter werden in bestimmten Ländern deutlich günstiger produziert. <br> → Güter werden in bestimmten Ländern mit deutlich besserer Qualität produziert. |

| Vorteile der Arbeitsteilung | Nachteile der Arbeitsteilung |
|---|---|
| --> höhere Produktivität | --> gegenseitige Abhängigkeit der Betriebe und Länder |
| --> steigende Einkommen | |
| --> bessere Güterversorgung | --> Gesamtübersicht kann verloren gehen |
| --> Arbeitszeitverkürzung | |
| --> bessere Arbeitsergebnisse, da Spezialisierung | --> evtl. einseitige Umweltbelastung, z. B. bei internationaler Arbeitsteilung |
| --> kostenoptimale Produktion, dadurch niedrigere Güterpreise | --> Arbeitsplatzverluste durch Offshoring (= Verlagerung von Arbeitsplätzen in Billiglohnländer) |

# 2 Rechtliche Rahmenbedingungen des Wirtschaftens

## 2.1 Rechtliche Grundbegriffe

**Rechtssubjekte**

| Natürliche Personen | alle Menschen |
|---|---|
| Juristische Personen | Zweckschöpfung des Gesetzgebers, gebildet durch eine Summe von Personen und/oder Sachen zu einer Organisation |
| | **Juristische Personen des Privatrechts:** z. B. Kapitalgesellschaften (GmbH, AG), eingetragene Vereine |
| | **Juristische Personen des öffentlichen Rechts:** z. B. Bund, Länder, Gemeinden, Kreise, Universitäten, IHK, gesetzliche Krankenkassen |

## Rechtsobjekte

| Sachen (= körperliche Gegenstände) | z. B. unbewegliche Sachen (Immobilien) wie Grundstücke und Gebäude oder bewegliche Sachen (Mobilien) wie Konsumgüter und Investitionsgüter |
| --- | --- |
| Rechte (= unkörperliche Gegenstände) | z. B. Persönlichkeitsrechte wie Firmenrechte und Namensrechte oder Vermögensrechte wie Forderungen und Patente |

## Willenserklärung

▶ Eine Willenserklärung ist eine rechtlich wirksame Äußerung, durch die die abgebende Person bewusst eine Rechtsfolge herbeiführen will.

## Rechtsfähigkeit

▶ Fähigkeit, Träger von Rechten und Pflichten zu sein. Die Rechtsfähigkeit beginnt bei natürlichen Personen mit der Geburt, bei juristischen Personen mit einem Hoheitsakt (bei juristischen Personen des öffentlichen Rechts) bzw. einem privaten Gründerakt (bei juristischen Personen des Privatrechts).

## Geschäftsfähigkeit

▶ Fähigkeit, rechtswirksame Willenserklärungen abgeben zu können, d. h., Rechtsgeschäfte selbstständig abschließen zu können

## Unbeschränkte Geschäftsfähigkeit

▶ Alle natürlichen Personen, die das 18. Lebensjahr vollendet haben und sich im Vollbesitz ihrer geistigen Kräfte befinden sind unbeschränkt geschäftsfähig.

## Beschränkte Geschäftsfähigkeit

▶ Alle natürlichen Personen zwischen dem vollendeten 7. und 18. Lebensjahr sind beschränkt geschäftsfähig.

Alle Willenserklärungen sind bei beschränkt Geschäftsfähigen zunächst schwebend unwirksam. Erst durch Zustimmung des gesetzlichen Vertreters (im Regelfall die Eltern) wird die Willenserklärung gültig. Für eine Reihe von Rechtsgeschäften gilt jedoch, dass sie auch bei beschränkt geschäftsfähigen Personen ohne Zustimmung der Eltern rechtswirksam sind:

→ Rechtsgeschäfte, die beschränkt Geschäftsfähigen nur einen rechtlichen Vorteil bringen (z. B. Annahme einer Schenkung)

→ Rechtsgeschäfte, die mit Mitteln getätigt werden, die beschränkt Geschäftsfähigen im Rahmen des Taschengeldes zur Verfügung stehen („Taschengeldparagraf")

→ Rechtsgeschäfte, die im Rahmen eines Arbeitsverhältnisses getätigt werden (z. B. Verkauf von Waren durch Auszubildende zum Einzelhandelskaufmann für den Ausbildungsbetrieb)

## Geschäftsunfähigkeit

▶ Kinder bis zum vollendeten 7. Lebensjahr und dauerhaft psychisch erkrankte Personen sind geschäftsunfähig.

Alle Willenserklärungen von Geschäftsunfähigen sind unwirksam und somit sind auch alle Rechtsgeschäfte nichtig.

## Besitz

▶ Besitz bezeichnet die **tatsächliche** Herrschaft über eine Sache (Wer „hat" es?).

## Eigentum

▶ Eigentum bezeichnet die **rechtliche** Herrschaft über eine Sache (Wem „gehört" es?).

## Eigentumsvorbehalt

Der Lieferer behält sich das Eigentum an der Ware bis zur vollständigen Bezahlung vor. Der Käufer wird Besitzer, der Verkäufer bleibt Eigentümer.

# 2.2 Arten und Form der Rechtsgeschäfte

## Vertragsarten

| Vertragsart | Vertragsgegenstand | Beispiele |
|---|---|---|
| Kaufvertrag | Lieferung eines fertigen Produkts | *jeder Kauf einer bereits fertiggestellten Sache* |

| Vertragsart | Vertragsgegenstand | Beispiele |
|---|---|---|
| Werkvertrag | entgeltliche Herstellung eines versprochenen Werkes | *Autoreparatur, Änderung eines Anzugs* |
| Dienstvertrag | Bereitstellung einer entgeltlichen Arbeitsleistung (erfolgsunabhängig) | *Arbeitsvertrag* |
| Mietvertrag | entgeltliche Überlassung von Sachen zum Gebrauch | *Mieten einer Wohnung, Mieten eines Pkw* |
| Pachtvertrag | entgeltliche Überlassung von Sachen oder Rechten zum Gebrauch und zum Fruchtgenuss | *Verpachtung eines Ackers, Verpachtung eines Restaurants* |
| Leihvertrag | unentgeltliche Überlassung einer Sache zum Gebrauch (Rückgabe derselben Sache) | *kostenloses Überlassen eines Pkw, kostenloser CD-Verleih* |
| Darlehensvertrag | unentgeltliche oder entgeltliche Überlassung von vertretbaren Sachen (Sachdarlehen) oder Geld (Gelddarlehen) zum Gebrauch/Verbrauch (Eigentumswechsel) | *Kreditvertrag, Ausleihen von Milch, Eiern und Mehl bei Nachbarn, zinsfreier Ratenkauf von Möbeln* |

| Einseitige Rechtsgeschäfte | Mehrseitige Rechtsgeschäfte |
|---|---|
| nur eine Willenserklärung einer Partei notwendig | mindestens zwei übereinstimmende Willenserklärungen notwendig |
| ⇢ **Empfangsbedürftige Willenserklärungen** sind erst rechtswirksam, wenn der Empfänger die Willenserklärung erhalten hat. **Beispiele:** *Kündigung, Anfechtung, Mahnung* | ⇢ **einseitig verpflichtende Verträge:** Nur eine Vertragsseite ist zur Leistung verpflichtet. **Beispiele:** *Schenkung, Bürgschaft* |

| Einseitige Rechtsgeschäfte | Mehrseitige Rechtsgeschäfte |
|---|---|
| --» **Nicht empfangsbedürftige Willenserklärungen** sind bereits mit ihrer Abgabe rechtswirksam. **Beispiel:** *Testament* | --» **mehrseitig verpflichtende Verträge:** Alle Vertragsseiten sind zu einer Leistung verpflichtet. **Beispiele:** *Kaufvertrag, Mietvertrag, Pachtvertrag* |

## Form der Rechtsgeschäfte

Grundsätzlich gilt für alle Verträge Formfreiheit. So können z. B. Kaufverträge auch mündlich oder nur durch schlüssiges Handeln (z. B. an der Supermarktkasse) abgeschlossen werden. Bei bestimmten Rechtsgeschäften bzw. Rechtshandlungen gibt es jedoch einen Formzwang:

| Schriftform | eigenhändige Unterschrift notwendig z. B. Kündigung, Testament, Schuldanerkenntnis, Bürgschaft (Ausnahme: Formfreiheit, wenn Bürge als Kaufmann i. S. des HGB die Bürgschaft im Rahmen eines Geschäfts abgibt), Grundstücks- und Wohnungsmietverträge auf länger als ein Jahr |
|---|---|
| Notarielle Beglaubigung | Bestätigung der Echtheit der Unterschrift durch einen Notar, z. B. schriftliche Anmeldung zum Handelsregister oder Grundbucheintrag |
| Notarielle Beurkundung | Bestätigung der Unterschrift und des Inhalts der Erklärung durch einen Notar, z. B. Grundstückskaufverträge, Ehevertrag, Schenkungsversprechen, Erbverzicht |

# 2.3    Nichtige und anfechtbare Rechtsgeschäfte

## Nichtigkeit von Rechtsgeschäften

Nichtige Willenserklärungen sind von Anfang an nichtig (ungültig). Sie haben keine Rechtsfolgen, da kein rechtsgültiger Vertrag zustande gekommen ist.

| Nichtig sind: | Beispiele: |
|---|---|
| Willenserklärungen von Geschäftsunfähigen | *Ein sechsjähriger Schüler kauft eine DVD.* |
| Willenserklärungen von beschränkt Geschäftsfähigen gegen den Willen des gesetzlichen Vertreters | *Ein siebzehnjähriger Auszubildender kauft gegen den Willen seiner Eltern ein Motorrad.* |
| Willenserklärungen, die im Zustand der Bewusstlosigkeit oder vorübergehenden Störung der Geistesfähigkeit abgegeben wurden | *Eine Person kauft im volltrunkenen Zustand ein wertvolles Gemälde.* |
| Willenserklärungen, die gegenüber einer anderen Person mit deren Einverständnis nur zum Schein abgegeben wurden (= Scheingeschäft) | *Ein Gast lässt sich in einem Restaurant von einem Kellner eine Quittung über 200,00 EUR geben, obwohl er nur 100,00 EUR bezahlt. Er will die Quittung als Beleg für Geschäftskosten verwenden, um damit Steuern zu sparen.* |
| nicht ernst gemeinte Willenserklärungen (= Scherzgeschäfte) | *Jemand sagt im Scherz: „Du kannst mein Auto geschenkt haben."* |
| Rechtsgeschäfte, die nicht in der vorgeschriebenen Form abgeschlossen wurden | *Ein Vertrag über einen Hauskauf wurde nur mündlich abgeschlossen.* |
| Rechtsgeschäfte, die gegen ein gesetzliches Verbot verstoßen | *Ein Verkäufer verkauft Alkohol an Kinder.* |
| Rechtsgeschäfte, die gegen die guten Sitten verstoßen | *Eine Glasermeisterin nimmt nach einem Unwetter überhöhte Preise für Glasscheiben (= Wucher).* |

## Anfechtbarkeit von Rechtsgeschäften

--> Anfechtbare Willenserklärungen können im Nachhinein durch Anfechtung ungültig werden.

--> Bis zur Anfechtung sind sie gültig, d. h., es ist ein rechtsgültiger Vertrag zustande gekommen.

| Anfechtungsgründe | Beispiele: |
|---|---|
| **Irrtum in der Erklärung:** Die Äußerung einer Person entspricht nicht dem, was sie sagen wollte. | *Ein Einzelhändler bestellt irrtümlich 150 anstatt 15 Hemden.* |
| **Irrtum über die Eigenschaft einer Person oder Sache** | *Eine Einzelhändlerin stellt einen Buchhalter ein und erfährt nachträglich, dass dieser wegen Unterschlagung von Firmengeldern seines vorherigen Arbeitsgebers vorbestraft ist.* |
| **Irrtum in der Übermittlung:** Die Willenserklärung wurde von der mit der Übermittlung beauftragten Person oder Organisation (z. B. der Post) falsch weitergegeben. | *Ein Einzelhändler bittet eine Mitarbeiterin, bei einem Großhändler telefonisch 100 linierte A4-Blöcke zu bestellen. Die Mitarbeiterin bestellt irrtümlich karierte Blöcke.* |
| **widerrechtliche Drohung:** Eine Person wird durch eine Drohung zur Abgabe einer Willenserklärung gezwungen. | *Ein Zeitschriftenwerber bedroht eine alte Frau und zwingt sie dazu, ein Zeitschriftenabonnement zu bestellen.* |
| **arglistige Täuschung:** Eine Person wird durch arglistige Täuschung zur Abgabe einer Willenserklärung veranlasst. | *Ein Kunde kauft einen gebrauchten Pkw. Nach Angaben der Verkäuferin ist er unfallfrei. Nachträglich stellt sich heraus, dass der Pkw einen Unfallschaden hat.* |

## 2.4 Kaufvertrag

### 2.4.1 Zustandekommen und Inhalt des Kaufvertrags

Der Kaufvertrag kommt durch zwei inhaltlich übereinstimmende, einander entgegengerichtete Willenserklärungen (Antrag und Annahme) zustande.

### Verpflichtungsgeschäft (= Abschluss des Kaufvertrags)

Antrag und Annahme: Bestellung und Bestellungsannahme bzw. Angebot und Bestellung

| Pflichten des Käufers | Pflichten des Verkäufers |
|---|---|
| --» rechtzeitige Zahlung des vereinbarten Kaufpreises | --» rechtzeitige, vereinbarungsgemäße, mangelfreie Übergabe der Ware |
| --» Abnahme der Ware | --» Übertragung des Eigentums |

## Erfüllungsgeschäft (= Erfüllung des Kaufvertrags)

Im Erfüllungsgeschäft (auch Verfügungsgeschäft genannt) werden die im Verpflichtungsgeschäft eingegangenen Pflichten erfüllt (z. B. Verkäufer liefert die Ware, Käufer nimmt Ware an usw.).

Der **gesetzliche Erfüllungsort** für die Ware ist der Ort des Verkäufers (Warenschulden = Holschulden, d. h. der Käufer muss die Ware beim Verkäufer abholen) und für das Geld ist es der Ort des Käufers (Geldschulden = Schickschulden, d. h. der Käufer muss das Geld an den Ort des Verkäufers übermitteln).

Der **Gerichtsstand** ergibt sich aus dem gesetzlichen Erfüllungsort. Der allgemeine Gerichtsstand ist also der Sitz des Gerichts, in dessen Bezirk der Schuldner seinen Wohnsitz hat.

## Inhalte des Kaufvertrags

- --» Art, Güte und Beschaffenheit der Ware (z. B. Muster, Warenzeichen, Gütezeichen, Handelsklassen, Jahrgänge, Güteklassen)
- --» Menge
- --» Preis der Ware
- --» Preisabzüge:
  - Rabatt kann z. B. gewährt werden als Mengenrabatt, Personalrabatt, Sonderrabatt, Treuerabatt, Naturalrabatt.
  - Bonus ist ein Nachlass, der nachträglich eingeräumt wird.
  - Skonto ist ein Nachlass, der für das Zahlen innerhalb eines Zahlungszeitraums eingeräumt wird.
- --» Lieferungsbedingungen:
  - Verpackungskosten (gesetzliche Regelung: Käufer trägt die Kosten der Versandverpackung, Verkäufer die Kosten der Verkaufsverpackung; vertragliche Regelungen möglich)

- Frachtkosten (gesetzliche Regelung: Der Käufer trägt die Frachtkosten.); vertragliche Regelungen:
  - „ab Werk", „ab Lager", „ab Rampe": Der Käufer trägt alle Kosten des Transports.
  - „ab Bahnhof hier", „ab hier", „unfrei": Der Verkäufer trägt die Kosten der Zufuhr (Rollgeld I) zum Versandbahnhof, der Käufer die Verladekosten, Frachtkosten und die Kosten der Anfuhr vom Bestimmungsbahnhof zum Firmensitz (Rollgeld II).
  - „ab Waggon": Der Verkäufer übernimmt das Rollgeld I und die Verladekosten.
  - „frachtfrei", „Bahnhof dort": Der Käufer trägt das Rollgeld II.
  - „frei Haus", „frei Lager": Der Verkäufer trägt alle Transportkosten.
- Lieferzeit: Der Käufer kann die sofortige Lieferung verlangen. Vertragliche Regelungen sind möglich (z. B. „Lieferung innerhalb 20 Tage", „Lieferung am 08.08. d. J.")
  -→ Zahlungsbedingungen: Der Verkäufer kann die sofortige Zahlung verlangen. Vertragliche Regelungen sind möglich (z. B. „Zahlungsziel 30 Tage").

**Online-Kündbarkeit von online geschlossenen Dauerschuldverhältnissen (neues Kaufvertragsrecht zum 01.01.2022)**
-→ gut sichtbare Kündigungsschaltfläche auf Internetseite zwingend vorgeschrieben
-→ bei fehlender Kündigungsschaltfläche Kündigung des Vertrags ohne Einhaltung der Kündigungsfrist möglich

## 2.4.2 Kaufvertragsarten

| Unterscheidung nach | |
|---|---|
| dem Kaufgegenstand | -→ Stückkauf: Der Kaufgegenstand ist eine nicht vertretbare Sache (Unikate wie z. B. Originalgemälde, Gebrauchtwagen). |
| | -→ Gattungskauf: Der Kaufgegenstand ist eine vertretbare Sache (Massenprodukte wie z. B. Kaffeemaschine, Neuwagen). |

| Unterscheidung nach | |
|---|---|
| den Zahlungsbedingungen | → Barkauf: Ware gegen Geld (Zug um Zug) |
| | → Zielkauf: Die Zahlung erfolgt innerhalb eines festgelegten Zahlungsziels. |
| | → Vorauszahlung: Die Zahlung erfolgt vor der Lieferung. |
| | → Ratenkauf: Die Zahlung erfolgt in Teilbeträgen (Raten). |
| | → Kommissionskauf: Der Verkäufer (Kommittent) räumt dem Käufer (Kommissionär) das Recht ein, alle nicht weiterverkauften Artikel zurückzugeben. |
| der Lieferzeit | → Sofortkauf: Die Lieferung erfolgt als direkte Reaktion auf den Vertrag, d.h. der Kunde nimmt die Ware gleich mit (z.B. im Supermarkt). |
| | → Kauf auf Abruf: Der Zeitpunkt der Lieferung wird vom Käufer bestimmt. |
| | → Sukzessivkauf: Teillieferungen erfolgen zu vorher genau bestimmten Terminen. Der Käufer muss die Ware nicht mehr abrufen. |
| | → Terminlieferung: Die Lieferung erfolgt zu einem genau bezeichneten Termin (z.B. „Lieferung am 03.04. d.J."). |
| | → Fixkauf: Der Kauf ist abhängig von der Einhaltung eines festgelegten Liefertermins (z.B. „Lieferung am 30.03. d.J. fix"). |
| der rechtlichen Stellung der Vertragspartner | → bürgerlicher Kauf: Beide Vertragspartner handeln als Privatleute. |
| | → einseitiger Handelskauf: Ein Vertragspartner handelt als Kaufmann, einer als Privatperson. |
| | → zweiseitiger Handelskauf: Beide Vertragspartner handeln als Kaufleute. |

| Unterscheidung nach | |
|---|---|
| der Art des Vertrages | → Kauf auf Probe: Der Kaufgegenstand kann innerhalb einer vereinbarten Frist zurückgegeben werden. |
| | → Kauf nach Probe: Der gelieferte Kaufgegenstand muss mit der vorher begutachteten Probe übereinstimmen. |
| | → Kauf zur Probe: Der Käufer erwirbt zunächst verbindlich eine kleinere Menge des Kaufgegenstandes und stellt eine größere Nachbestellung in Aussicht, wenn die Kaufsache seinen Erwartungen entspricht. |
| | → Spezifikationskauf: Der Kaufgegenstand wird erst innerhalb einer vereinbarten Frist genauer bestimmt (spezifiziert), z. B. nach Größe, Farbe, Muster etc. |

## 2.4.3  Allgemeine Geschäftsbedingungen (AGB)

| Begriff | AGB sind vorformulierte Vertragsbedingungen („das Kleingedruckte"), die eine Vertragspartei (Verwender = Verkäufer) der anderen auferlegt (§ 305 BGB). Sie sind generell Bestandteil des Angebots. |
|---|---|
| Inhalt | → Leistungsbedingungen<br>→ Zahlungsbedingungen<br>→ Gewährleistungsfragen<br>→ Haftungsfragen u. Ä. |
| Ziel | → Rationalisierung des Wirtschaftsverkehrs durch Standardisierung von Verträgen (Zeit- und Kostenersparnis)<br>→ Überwälzen von Risiken auf die Vertragspartner |
| Gefahr | missbräuchliche Verwendung der AGB durch den Verkäufer, insb. bei einseitigen Handelskäufen, bei denen Privatleute übervorteilt werden könnten |

| | |
|---|---|
| **Voraus-setzung für Gültigkeit** | ⇢ausdrücklicher Hinweis<br>⇢deutlich sichtbarer Aushang<br>⇢Möglichkeit der Kenntnisnahme<br>⇢Einverständnis |
| **Schutz** | Das BGB (§ 308 ff.) schützt die Kunden (Verbraucher-schutz, siehe Kapitel A 2.9), indem es festlegt, was in den AGB stehen darf.<br><br>**Beispiele** *für unwirksame Klauseln (Klausel ist von Beginn an unwirksam):*<br><br>*kurzfristige Preiserhöhungen*<br>*– Verkürzung oder Beschränkung der gesetzlichen Gewährleistungsfristen*<br>*– Ausschluss der Haftung für zugesicherte Eigenschaften*<br><br>**Beispiele** *für bedingt unwirksame Klauseln (Gericht kann sie für unwirksam erklären):*<br><br>*– Vorbehalt des Rücktrittrechts für die Leistungspflicht durch den Verwender der AGB ohne sachlichen Grund*<br>*– Vorbehalt des Verwenders, eine versprochene Leis-tung zu ändern und davon abzuweichen*<br>*– unangemessen lange und/oder nicht hinreichend be-stimmte Fristen für die Erbringung der Leistung* |

## 2.5 Zahlungsverkehr

### Zahlungsarten

Formen des Geldes

Bargeld
(Münzen, Banknoten)

Buchgeld
(Sichtguthaben auf Konto)

**Barzahlung**

Zahlende zahlen mit Bargeld, Empfänger erhält Bargeld,
z. B.:

- Barzahlung gegen Quittung
- Bote
- Expressbrief
- Western Union

**Halbbare Zahlung**

Zahlende zahlen mit Bargeld, Empfänger erhalten Buchgeld oder Zahlende zahlen mit Buchgeld, Empfänger erhalten Bargeld,
z. B.:

- Zahlschein
- Barscheck
- Postnachnahme

**Bargeldlose Zahlung**

z. B.:

- Überweisung
- Dauerauftrag
- Lastschriftverfahren
- Verrechnungsscheck
- Kartenzahlung
- Elektronische Bezahlsysteme, wie z. B. PayPal (siehe Kapitel B 6.8)

### Barzahlung

Zahler → Empfänger

direkt: Banknoten, Münzen

indirekt: Überbringer

- Bot/-innen
- Expressbrief
- Western Union

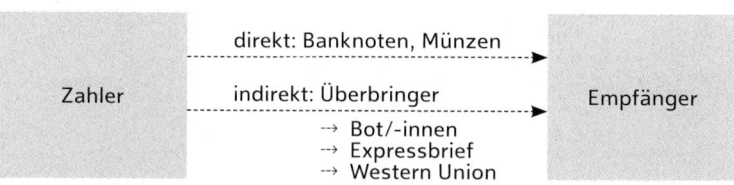

Der **Nachweis der Zahlung** erfolgt durch eine Quittung.

## Bargeldlose Zahlung

| Konto Zahler | | Konto Empfänger |
|---|---|---|
| Lastschrift<br>– | --------------------------------------→<br>⇢ Überweisung<br>⇢ Dauerauftrag<br>⇢ Lastschriftverfahren<br>⇢ Verrechnungsscheck<br>⇢ Kartenzahlung<br>⇢ Elektronische<br>Bezahlsysteme<br>(siehe Kapitel B 6.8) | Gutschrift<br>+ |

## Kartenzahlung

Bei allen Kartenzahlungsverfahren erfolgt die Zahlung bargeldlos.
Der bargeldlose Zahlungsverkehr setzt voraus, dass Schuldner und
Gläubiger über ein Konto verfügen.

| Kartenzahlung | Merkmale |
|---|---|
| Electronic Cash POS-System (Point of Sale) | ⇢ Kunden zahlen mit Girocard (ehemals EC-Karte) mittels eines elektronischen Kartenlesegerätes am Verkaufsort (= point of sale).<br><br>⇢ Der Einzug des Geldbetrages erfolgt beleglos vom Bankkonto der Kunden.<br><br>⇢ Bei der Zahlung erfolgt die Eingabe der persönlichen Geheimzahl des Kunden/des Kunden (**PIN**) oder die Unterschrift auf einen Beleg.<br><br>⇢ Das Karten ausgebende Kreditinstitut **garantiert den Eingang der Zahlung** |
| Geldkarte | ⇢ Die Geldkarte wird an speziellen Ladeterminals der Hausbank bis zu 200,00 EUR aufgeladen.<br><br>⇢ Der Zahlungsbetrag wird im Einzelhandelsgeschäft vom Chipguthaben abgebucht und dem Händler gutgeschrieben. |

| Kartenzahlung | Merkmale |
|---|---|
| Kreditkarte | → Kreditkarten werden von Kreditkartenorganisationen wie VISA, MasterCard, Diners Club, American Express herausgegeben. |
| | → Kreditkarteninhaber können weltweit bei allen Vertragsunternehmen der Kartenorganisationen bargeldlos bezahlen. |
| | → Vertragsunternehmen bezahlen an die Kartenorganisationen eine Provision und erhalten von diesen die Verkaufserlöse vergütet. |

## Halbbare Zahlung

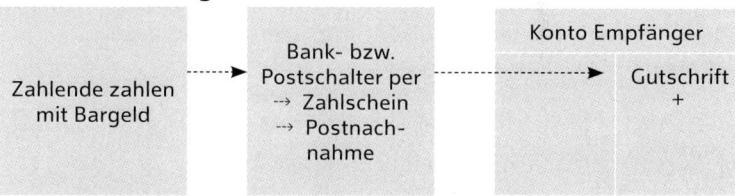

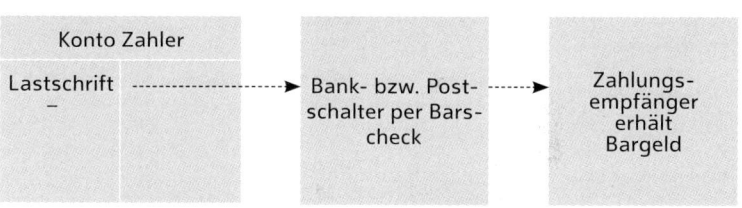

## 2.6 Kaufvertragsstörungen

### Arten

| Schlecht- leistung (mangelhafte Lieferung) | Nicht-Recht- zeitig-Liefe- rung (Liefe- rungsverzug) | Annahme- verzug | Nicht-Recht- zeitig-Zahlung (Zahlungs- verzug) |
|---|---|---|---|
| Mängel in der Art, Menge, Qualität | Bestellte Ware trifft nicht ter- mingerecht ein. | Ordnungsge- mäß gelieferte Ware wird nicht angenommen. | Ordnungs- gemäß gelie- ferte Ware wird nicht bezahlt. |

### 2.6.1 Nicht-Rechtzeitig-Lieferung (Lieferungsverzug)

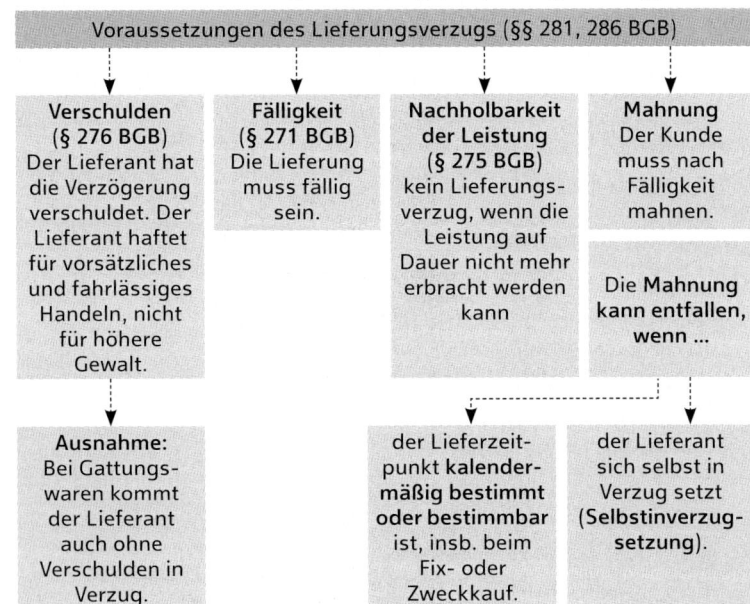

Voraussetzungen des Lieferungsverzugs (§§ 281, 286 BGB)

**Verschulden (§ 276 BGB)**
Der Lieferant hat die Verzögerung verschuldet. Der Lieferant haftet für vorsätzliches und fahrlässiges Handeln, nicht für höhere Gewalt.

**Fälligkeit (§ 271 BGB)**
Die Lieferung muss fällig sein.

**Nachholbarkeit der Leistung (§ 275 BGB)**
kein Lieferungs- verzug, wenn die Leistung auf Dauer nicht mehr erbracht werden kann

**Mahnung**
Der Kunde muss nach Fälligkeit mahnen.

Die **Mahnung kann entfallen, wenn ...**

**Ausnahme:**
Bei Gattungs- waren kommt der Lieferant auch ohne Verschulden in Verzug.

der Lieferzeit- punkt **kalender- mäßig bestimmt oder bestimmbar** ist, insb. beim Fix- oder Zweckkauf.

der Lieferant sich selbst in Verzug setzt (**Selbstinverzug- setzung**).

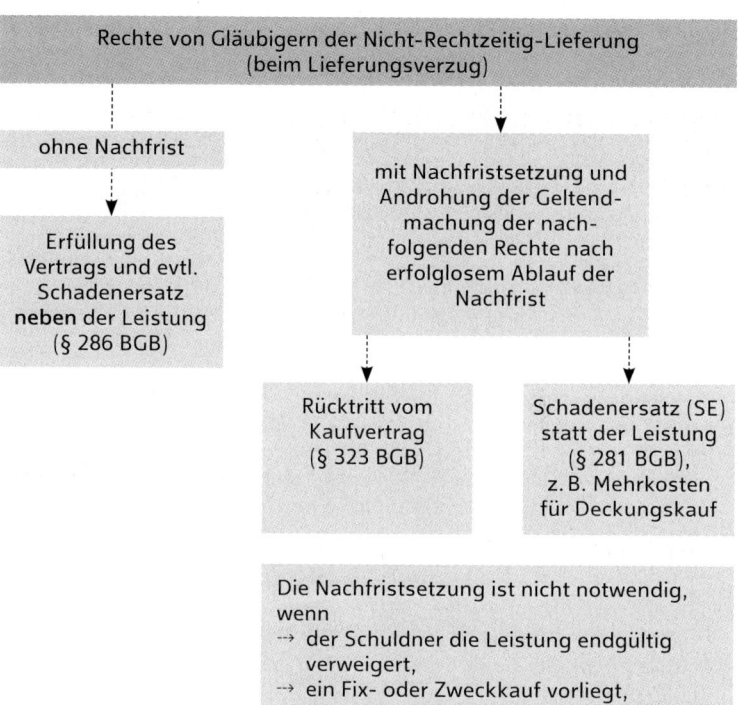

Rechte von Gläubigern der Nicht-Rechtzeitig-Lieferung (beim Lieferungsverzug)

**ohne Nachfrist**

Erfüllung des Vertrags und evtl. Schadenersatz **neben** der Leistung (§ 286 BGB)

**mit Nachfristsetzung und Androhung der Geltendmachung der nachfolgenden Rechte nach erfolglosem Ablauf der Nachfrist**

Rücktritt vom Kaufvertrag (§ 323 BGB)

Schadenersatz (SE) statt der Leistung (§ 281 BGB), z. B. Mehrkosten für Deckungskauf

Die Nachfristsetzung ist nicht notwendig, wenn
→ der Schuldner die Leistung endgültig verweigert,
→ ein Fix- oder Zweckkauf vorliegt,
→ besondere Umstände vorliegen, die unter Abwägung der beiderseitigen Interessen den sofortigen Rücktritt rechtfertigen.

## 2.6.2 Schlechtleistung (mangelhafte Lieferung)

→ seit 01.01.2022 (neues Kaufrecht): Ware nur dann mangelfrei, wenn sie bei den „objektiven Anforderungen", den „subjektiven Anforderungen" und – soweit eine Montage durchzuführen ist – den Montageanforderungen entspricht
→ seit 01.01.2022 (neues Kaufrecht): Die Sache entspricht den subjektiven Anforderungen, wenn sie
1. die vereinbarte Beschaffenheit hat
2. sich für die nach dem Vertrag vorausgesetzte Verwendung eignet und

3.  mit dem vereinbarten Zubehör und den vereinbarten Anleitungen, einschließlich Montage- und Installationsanleitungen übergeben wird.
--> seit 01.01.2022 (neues Kaufrecht): Digitale Sachen (Sachen, die digitale Inhalte oder digitale Dienstleistungen enthalten) sind nur dann mangelfrei, wenn für die digitalen Elemente die im Kaufvertrag vereinbarten Aktualisierungen vom Verkäufer bereitgestellt werden (z.B. Updates einschließlich Installationsanleitung)

## Mängelarten im Hinblick auf ihre Erkennbarkeit

--> offene Mängel (z. B. Beschädigungen am Gehäuse, die von außen sofort zu erkennen sind)
--> versteckte Mängel (z. B. gelieferte Lackdosen beinhalten Lack, der bereits eingetrocknet ist ⇒ von außen nicht erkennbar)
--> arglistig verschwiegene Mängel (z. B. Bodenlegerin verlegt bewusst nur ein 6 mm statt wie vereinbart ein 10 mm starkes Parkett, um Geld zu sparen ⇒ zusätzlich zu dem Mangel liegt der strafrechtliche Tatbestand des Betrugs vor)

## Rügefristen

Wird ein Mangel entdeckt, ist dies dem Verkäufer mittels einer Mängelrüge mitzuteilen. Die Mängelrüge unterliegt keiner Formvorschrift, wird i.d.R. aber aufgrund der größeren Rechtssicherheit schriftlich erfolgen. Bezüglich der Rügefristen gelten beim zweiseitigen Handelskauf strengere Regeln als beim einseitigen Handelskauf, da Kaufleute i.S.d. HGB im Gegensatz zu Privatleuten über einen organisierten Wareneingang verfügen.

| Einseitiger Handelskauf (zwischen Kaufleuten und Nichtkaufleuten) | Zweiseitiger Handelskauf (zwischen zwei Kaufleuten) |
|---|---|
| → offene Mängel: Käufer sind hier nicht gezwungen, die Ware unmittelbar nach Erhalt zu prüfen. Ein entdeckter Mangel, muss innerhalb der gesetzlichen Gewährleistung von zwei Jahren oder der vertraglich festgelegten Garantie gerügt werden. | → offene Mängel: Kaufleute sind verpflichtet, die Ware unmittelbar nach Erhalt auf Güte, Menge und Art zu prüfen und bei Mängeln unverzüglich zu rügen. <br> → versteckte Mängel: unverzüglich nach Entdeckung, jedoch innerhalb von zwei Jahren; seit 01.01.2022: Verjährung frühestens vier Monate nachdem sich der Mangel das erste Mal gezeigt hat |
| → versteckte Mängel: innerhalb von zwei Jahren, seit 01.01.2022: Verjährung frühestens vier Monate nachdem sich der Mangel das erste Mal gezeigt hat <br> → arglistig verschwiegene Mängel: innerhalb von drei Jahren nach Entdeckung <br> → Beweislastumkehr: Tritt innerhalb eines Jahres ein Mangel auf, so muss der Verkäufer nachweisen, dass der Mangel nicht bereits bei Gefahrenübergang vorlag. | → arglistig verschwiegene Mängel: unverzüglich nach Entdeckung, jedoch innerhalb von drei Jahren <br> → keine Beweislastumkehr |

Beim Bürgerlichen Kauf (zwischen zwei Nicht-Kaufleuten) gelten die gleichen Rügefristen wie beim einseitigen Handelskauf (keine Beweislastumkehr).

## Rechte

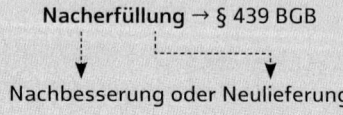

**vorrangiges Recht**

**Nacherfüllung** → § 439 BGB

Nachbesserung oder Neulieferung

**seit 01.01.2022: Setzen einer Nachfrist für die Geltendmachung nachrangiger Rechte nicht mehr erforderlich**

**nachrangige Rechte**

→ **Rücktritt vom Vertrag** (nicht bei geringfügigen Mängeln), siehe §§ 440, 323, 326 BGB
→ **Minderung** (= Preisnachlass) und evtl. Schadenersatz neben der Leistung, siehe § 441 BGB
→ **Schadenersatz statt Leistung** in Verbindung mit dem Rücktritt vom Vertrag (nur, wenn Verschulden vorliegt, nicht bei geringfügigen Mängeln), siehe §§ 280, 281, 440 BGB
→ **Ersatz vergeblicher Aufwendungen** (nur wenn Verschulden vorliegt, nicht bei geringfügigen Mängeln), siehe § 284 BGB

### 2.6.3 Annahmeverzug

Voraussetzungen

Fälligkeit der Lieferung (§ 271 BGB)

ordnungsgemäßes Anbieten der Ware (§ 294 BGB)

Eintritt (§ 293 BGB)

Nichtannahme durch Käufer
(Verschulden und Mahnung nicht erforderlich)

Folgen (§ 300 BGB)

Verkäufer haftet nur noch für Vorsatz und grobe Fahrlässigkeit.

Käufer haftet auch für Schäden, die durch Zufall (z. B. höhere Gewalt) eintreten.

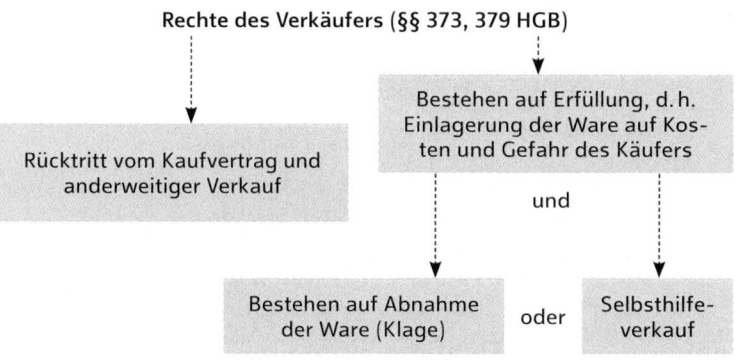

Rechte des Verkäufers (§§ 373, 379 HGB)

Rücktritt vom Kaufvertrag und anderweitiger Verkauf

Bestehen auf Erfüllung, d. h. Einlagerung der Ware auf Kosten und Gefahr des Käufers

und

Bestehen auf Abnahme der Ware (Klage)

oder

Selbsthilfeverkauf

## 2.6.4 Nicht-Rechtzeitig-Zahlung (Zahlungsverzug)

**Voraussetzungen der Nicht-Rechtzeitig-Zahlung (Zahlungsverzug)**

### Verschulden

Der säumige Zahler hat die Verzögerung verschuldet. Der säumige Zahler haftet für vorsätzliches und fahrlässiges Handeln, nicht für höhere Gewalt.

### Fälligkeit

Die Zahlung muss fällig sein.

### Mahnung

Der Verkäufer muss den säumigen Zahler nach Fälligkeit mahnen.

**Die Mahnung kann entfallen, wenn ...**

→ 30 Tage nach Rechnungseingang vergangen sind (Privatpersonen müssen vorher darauf hingewiesen worden sein, z. B. im Kaufvertrag),
→ der Schuldner die Zahlung verweigert,
→ der Zahlungstermin kalendermäßig bestimmt ist,
→ eine Selbstmahnung des Schuldners mit eigener
→ Leistungsankündigung vorliegt.

**Rechte des Gläubigers bei Nicht-Rechtzeitig-Zahlung (Zahlungsverzug)**

### ohne Nachfrist

Zahlung verlangen und evtl. Schadenersatz (Verzögerungsschaden, Verzugszinsen), siehe § 286 BGB

### mit Nachfrist

Rücktritt vom Kaufvertrag (§ 323 BGB)

Schadenersatz statt der Leistung (§ 281 BGB)

→ kein Verschulden notwendig
→ angemessene Nachfrist entbehrlich, wenn Schuldner die Zahlung verweigert oder der Zahlungstermin kalendermäßig genau bestimmt ist

angemessene Nachfrist entbehrlich, wenn Schuldner die Zahlung verweigert

## 2.7 Mahnverfahren

### Außergerichtliches (= kaufmännisches) Mahnverfahren

**Zweck:** Einzug von fälligen Forderungen ohne gerichtliche Maßnahmen

**Verfahren:**

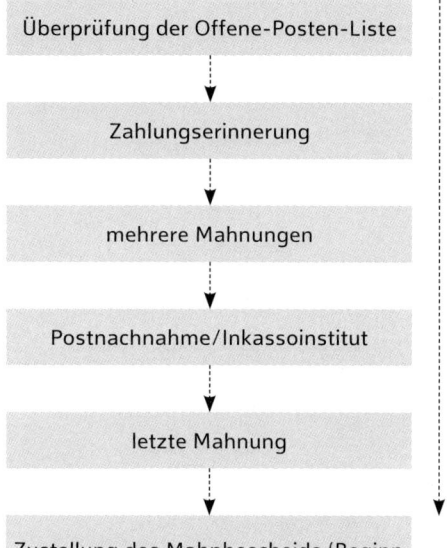

Überprüfung der Offene-Posten-Liste

↓

Zahlungserinnerung

↓

mehrere Mahnungen

↓

Postnachnahme/Inkassoinstitut

↓

letzte Mahnung

↓

Zustellung des Mahnbescheids (Beginn des gerichtlichen Mahnverfahrens)

Steigerung von sehr höflich über energisch bis hin zur Androhung rechtlicher Schritte

- Der Begriff **„Offene-Posten-Liste"** bezeichnet hier eine Liste mit allen gebuchten Ausgangsrechnungen, für die noch kein Zahlungseingang gebucht wurde. Dadurch werden alle fälligen Zahlungen von Kunden sichtbar. Gleichermaßen existiert in jedem Unternehmen auch eine Offene-Posten-Liste für gebuchte, aber noch nicht bezahlte Eingangsrechnungen.

- Ein **Inkassoinstitut** ist ein Dienstleistungsunternehmen, das sich darauf spezialisiert hat, offene Forderungen von Gläubigern einzutreiben.

## Gerichtliches Mahnverfahren

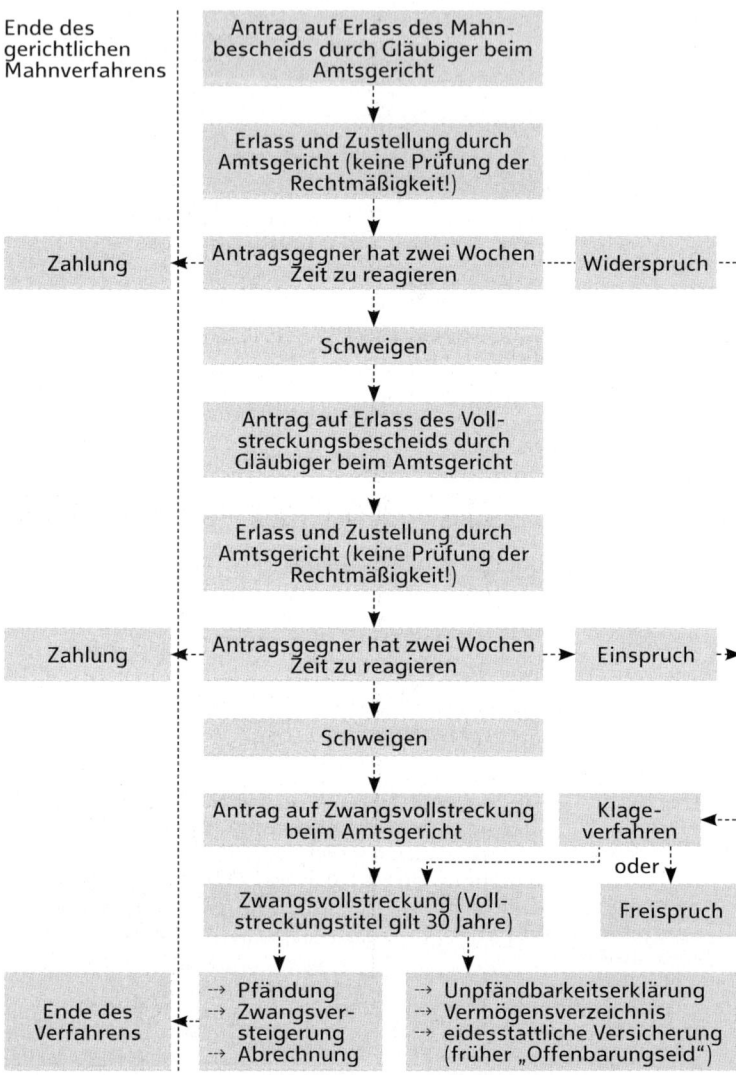

Ende des
gerichtlichen
Mahnverfahrens

Antrag auf Erlass des Mahnbescheids durch Gläubiger beim
Amtsgericht

Erlass und Zustellung durch
Amtsgericht (keine Prüfung der
Rechtmäßigkeit!)

Zahlung ◄— Antragsgegner hat zwei Wochen
Zeit zu reagieren —► Widerspruch

Schweigen

Antrag auf Erlass des Voll-
streckungsbescheids durch
Gläubiger beim Amtsgericht

Erlass und Zustellung durch
Amtsgericht (keine Prüfung der
Rechtmäßigkeit!)

Zahlung ◄— Antragsgegner hat zwei Wochen
Zeit zu reagieren —► Einspruch —►

Schweigen

Antrag auf Zwangsvollstreckung
beim Amtsgericht

Klage-
verfahren ◄—

oder

Zwangsvollstreckung (Voll-
streckungstitel gilt 30 Jahre)

Freispruch

Ende des
Verfahrens ◄—

→ Pfändung
→ Zwangsver-
   steigerung
→ Abrechnung

→ Unpfändbarkeitserklärung
→ Vermögensverzeichnis
→ eidesstattliche Versicherung
   (früher „Offenbarungseid")

# 2.8 Verjährung

| 1 Jahr | 2 Jahre | 3 Jahre |
|---|---|---|
| Gewährleistungsfrist bei gebrauchten Sachen, falls verkürzte Verjährung vertraglich vereinbart wurde (z. B. bei Gebrauchtwagenkauf) | kauf- und werkvertragliche Gewährleistungsansprüche (z. B. bei Kauf eines neuen Fernsehers) | Regelverjährung für alle Fälle, in denen keine anderweitige Regelung vorliegt (z. B. Forderungen) |
| → ab Übergabe der Sache an Käufer bzw.<br>→ ab Abnahme des Werkes durch Käufer | → ab Übergabe der Sache an Käufer bzw.<br>→ ab Abnahme des Werkes durch Käufer | → ab dem Schluss des Kalenderjahres, in dem der Anspruch entstanden ist und der Gläubiger Kenntnis von der Vertragsverletzung erlangte |

| 5 Jahre | 10 Jahre | 30 Jahre |
|---|---|---|
| Gewährleistungsrechte aus Werkverträgen, die in der Erstellung eines Bauwerks (einschl. Planungs- und Überwachungsleistungen) bestehen (z. B. bei Baumängeln) | Gilt bei<br>→ Ansprüchen auf Übertragung des Eigentums an einem Grundstück<br>→ Ansprüchen auf Begründung, Übertragung oder Aufhebung eines Rechts an einem Grundstück | Gilt bei<br>→ rechtskräftig festgestellten Ansprüchen<br>→ Ansprüchen aus vollstreckbaren Vergleichen oder vollstreckbaren Urkunden<br>→ Ansprüchen, die im Rahmen eines Insolvenzverfahrens festgehalten worden sind<br>→ familien- und erbrechtlichen Ansprüchen<br>→ Herausgabeansprüchen aus Eigentum |
| → ab Abnahme des Werkes durch Käufer | → ab Fälligkeit des Anspruchs | → ab Fälligkeit des Anspruchs |

## Hemmung der Verjährung

Die Verjährungsfrist wird um die Zeitspanne der Hemmung verlängert.

Mögliche Gründe für eine Hemmung:

-→ **Rechtsverfolgung** (§ 204 BGB): Klage, Antrag auf Zustellung eines Mahnbescheids, Anspruchsmeldung im Insolvenzverfahren, Veranlassung eines Schlichtungsverfahrens, Beginn eines schiedsrichterlichen Verfahrens
-→ **Verhandlungen über den Anspruch** (§ 203 BGB)
-→ **Leistungsverweigerungsrecht** (§ 205 BGB): Leistungsverweigerung aufgrund einer Vereinbarung zwischen Gläubiger und Schuldner
-→ **Höhere Gewalt** (§ 206 BGB): Hemmung, solange Gläubiger innerhalb der letzten sechs Monate der Verjährungsfrist durch höhere Gewalt an Rechtsverfolgung gehindert wird

## Unterbrechung (Neubeginn) der Verjährung

Die Verjährungsfrist beginnt ab der Unterbrechung neu zu laufen.

Mögliche Gründe für eine Unterbrechung:

-→ **Schuldanerkenntnis durch Schuldner,** z. B. durch Teilzahlung, Zinszahlung, die Bitte um Stundung, Sicherheitsleistungen, Anerkennung von Mängelansprüchen durch Mängelbeseitigung (Nachbesserung)
-→ **Antrag oder Vornahme einer gerichtlichen oder behördlichen Vollstreckungshandlung**

## 2.9 Verbraucherschutz

Gesetzliche Vorschriften zum Schutze von Verbraucher/-innen:

-→ **Widerrufsrecht**
Bei Haustürgeschäften, Fernabsatzgeschäften (z. B. Versandhandel) und Verbraucherdarlehen (zur Finanzierung der Kaufsumme): Verbraucher-/innen haben bei diesen Verträgen ein Widerrufsrecht innerhalb von zwei Wochen ohne Angabe von Gründen.
-→ **Produkthaftungsgesetz**
Wird infolge eines fehlerhaften Produktes ein Mensch oder eine Sache beschädigt, so ist der Hersteller unabhängig vom Ver-

schulden zum Schadenersatz verpflichtet (Gefährdungs-
haftung). Dies gilt unter der Voraussetzung, dass das Produkt
einen Fehler hat bzw. nicht die Sicherheit bietet, die man
berechtigterweise erwarten kann.
⇢ **Preisangabenverordnung (siehe Kapitel D 4.4.1)**
Wer Waren an Endverbraucher/-innen verkauft und dafür Werbung betreibt, hat die Preise anzugeben, die einschließlich Umsatzsteuer und sonstiger Preisbestandteile unabhängig von einer Rabattgewährung zu zahlen sind. Bei losen und
abgepackten Waren sind die Preise nach üblichen Einheiten anzugeben (z. B. 1 kg, 100 g u. Ä.).

## 2.10 Gewerbliche Schutzrechte

Gewerbliche Schutzrechte dienen dem Schutz vor Nachahmung. Sie
werden erteilt vom Deutschen Patent- und Markenamt.

### Patent
⇢ dient dem Schutz neuer technischer Erfindungen (Gegenstände,
Herstellungs- und Arbeitsverfahren)
⇢ Voraussetzungen für die Patentfähigkeit:
  • Neuheit
  • gewerbliche Anwendbarkeit
  • erfinderische Tätigkeit
⇢ Schutzfrist: 20 Jahre; Beginn mit dem auf den Anmeldetag folgenden Tag

**Beispiel:** *Airbag*

### Gebrauchsmuster
⇢ „kleines" Patent
⇢ Schutz von technischen Erfindungen, keine Herstellungsverfahren
⇢ Voraussetzungen für den Gebrauchsmusterschutz:
  • Neuheit
  • gewerbliche Anwendbarkeit
  • erfinderischer Schritt (geringerer Erfindungswert als beim
    Patent)
⇢ Schutzfrist: zehn Jahre

**Beispiele:** *Bedienungselemente eines Fernsehgerätes, sichere Kin-
derscheren*

## Geschmacksmuster

⇢ schützt das Design, die ästhetische Form sowie die Farbgebung eines Musters oder eines Modells
⇢ Voraussetzungen für den Geschmacksmusterschutz:
  • Neuheit
  • Eigenart: Gesamteindruck unterscheidet sich von anderen Mustern
⇢ Schutzfrist: fünf Jahre bis max. 20 Jahre

**Beispiele:** *Stoffmuster, Tapetenmuster*

## Markenschutz

⇢ Geschützt werden können Wörter, Personennamen, Abbildungen, Buchstaben, Hörzeichen, die Form einer Ware, Verpackungen, Farben, geografische Herkunftsangaben.
⇢ Voraussetzung: Unterscheidungskraft von anderen Unternehmen
⇢ Schutzfrist: zehn Jahre; eine Verlängerung um jeweils zehn Jahre ist möglich

**Beispiele:** *Wortmarken (z. B. BMW, Coca-Cola), Bildmarken (z. B. Mercedes-Stern, McDonald's-Symbol), Hörmarken (z. B. Erkennungsmelodie T-Mobile, Tatort-Reihe)*


# 2.11 Handelsregister, Kaufmannseigenschaft, Firma

## Handelsregister

Das HGB gilt nur für Kaufleute im Sinne des HGB. Diese sind im **Handelsregister**, dem öffentlichen Verzeichnis aller Kaufleute nach HGB eines Amtsgerichtsbezirks, verzeichnet. Man unterscheidet im Handelsregister die Abteilung A, in die alle Einzelunternehmen und Personengesellschaften (z. B. OHG, KG, GmbH & Co. KG), und die Abteilung B, in die alle Kapitalgesellschaften (z. B. GmbH, AG) eingetragen werden.

## Kaufleute nach HGB

Kaufleute nach HGB

| Kapital-gesellschaften (GmbH, AG) | Gewerbetreibende (außer Kapital-gesellschaften) | Land- und Forstwirte (mit kfm. Organisation) |

| mit kfm. Organisation | ohne kfm. Organisation |

| Form-Kaufleute (Kaufleute kraft Rechtsform) | Ist-Kaufleute | Kann-Kaufleute |

Für **Form-Kaufleute** ist die Eintragung ins Handelsregister **konstitutiv** (rechtsbegründend), d. h., die Kapitalgesellschaft entsteht erst durch die Eintragung ins Handelsregister.

Für **Ist-Kaufleute** ist die Eintragung ins Handelsregister **deklaratorisch** (rechtsbekundend), d. h., die Rechtswirkung besteht schon vor dem Eintrag ins Handelsregister.

**Kann-Kaufleute** können sich ins Handelsregister eintragen lassen, müssen aber nicht. Wenn sie sich eintragen lassen, ist die Eintragung konstitutiv (rechtserzeugend) und sie werden durch die Eintragung Kaufleute im Sinne des HGB. Erfolgt keine Eintragung, bleibt der Kann-Kaufmann Nicht-Kaufmann und es gilt für ihn weiterhin das BGB.

### Firma

▶ Als Firma bezeichnet man den Namen, unter dem der Kaufmann i. S. d. HGB seine Geschäfte betreibt (Handelsname).

Als **Firmenarten** unterscheidet man die **Personenfirma** (z. B. Maria Rosa OHG), die **Sachfirma** (z. B. Software GmbH), die **Fantasiefirma** (z. B. Softy Creations KG) und die **Mischfirma** (z. B. Rosa Software Creations GmbH).

Wer eine Firma führt, hat die folgenden **Firmengrundsätze** zu beachten:

-→ **Firmenöffentlichkeit:** Alle Kaufleute müssen ihre Firma ins Handelsregister eintragen lassen.
-→ **Firmenbeständigkeit:** Die bisherige Firma kann z. B. auch bei
Inhaberwechsel fortgeführt werden.
-→ **Firmenausschließlichkeit** (Unterscheidbarkeit): Die Unterscheidbarkeit von anderen Firmen muss bei Neugründungen
beachtet werden.
-→ **Irreführungsverbot:** Der Firmenname darf nicht über geschäft-
liche Verhältnisse, die für die Geschäftspartner maßgeblich
sind, täuschen.
-→ **Offenlegung der Haftungsverhältnisse:** wird durch Rechtsformzusatz und Eintragung ins Handelsregister gewährleistet
-→ **Offenlegung der Gesellschaftsverhältnisse:** wird durch
Rechtsformzusatz und Eintragung ins Handelsregister gewährleistet

## 2.12  Rechtsformen der Unternehmen

| Einzelunter-nehmen (Allein-unter-nehmer) | Gesellschaftsunternehmen | | |
|---|---|---|---|
| | **Kapital-gesellschaften** | **Personen-gesellschaften** | **Andere Gesell-schaftsformen** |
| | -→ Gesellschaft mit be-schränkter Haftung (GmbH)<br><br>-→ Aktiengesell-schaft (AG)<br><br>-→ Kommandit-gesellschaft auf Aktien (KGaA) | -→ offene Han-delsgesell-schaft (OHG)<br><br>-→ Kommandit-gesellschaft (KG)<br><br>-→ GmbH & Co. KG | -→ Genossen-schaft (eG)<br><br>-→ Versicherungs-verein auf Gegenseitig-keit (VvaG)<br><br>-→ Partnergesell-schaft (PartG)<br><br>-→ unvollständige Gesellschaften wie die stille Gesellschaft oder die BGB-Gesellschaft |

## 2.12.1 Einzelunternehmung (e. K.)

| | |
|---|---|
| **Gründung** | erfolgt durch Unternehmer/-in selbst ⇒ Eintragung in das HR Abt. A |
| **Firma** | Personen-, Sach-, Fantasie- oder gemischte Firma mit dem zwingenden Zusatz „eingetragener Kaufmann/Kauffrau" oder „e. K."/„e. Kfm."/„e. Kfr." |
| **Kapitalaufbringung** | Eigenkapital wird von einer Person aufgebracht; über die Höhe gibt es keine Vorschriften |
| **Geschäftsführung (Innenverhältnis: Wer hat im Unternehmen das Sagen?)** | Einzelgeschäftsführungsbefugnis des Einzelunternehmers bzw. der Einzelunternehmerin |
| **Vertretung (Außenverhältnis: Wer vertritt das Unternehmen nach außen?)** | Einzelvertretungsbefugnis des Einzelunternehmers bzw. der Einzelunternehmerin |
| **Haftung** | unbeschränkt, d. h. sie erstreckt sich auf das Privat- und Geschäftsvermögen des/der Unternehmers/Unternehmerin |
| **Gewinn- und Verlustverteilung** | steht alleine Einzelunternehmer/-innen zu bzw. muss alleine von Einzelunternehmer/-innen getragen werden |

## 2.12.2 Offene Handelsgesellschaft (OHG)

| | |
|---|---|
| **Gründung** | → Zusammenschluss von **mindestens zwei Gesellschaftern** |
| | → **Beginn der Gesellschaft** im Innenverhältnis durch den Gesellschaftsvertrag festgelegt, im Außenverhältnis, sobald Gesellschafter/-innen Geschäfte im Namen der OHG tätigen (spätestens mit Eintragung ins Handelsregister) |
| **Firma** | → Es ist eine **Personen-, Sach-, Fantasie- oder Mischfirma** möglich. |
| | → zwingender Rechtsformzusatz: **„offene Handelsgesellschaft"** oder OHG, offene HG, oHG |

| Kapitalauf-bringung | →**durch die Gesellschafter/-innen** (Kapitalaufbrin-gungspflicht) |
| --- | --- |
| | →**keine Mindesthöhe** der Einlage vorgeschrieben; Art und Höhe der Einlagen richtet sich nach dem Gesellschaftsvertrag |
| | →Falls keine Regelungen im Gesellschaftsvertrag vorhanden sind, müssen die Gesellschafter/-innen Beiträge in gleicher Höhe einbringen. |
| Haftung | Alle Gesellschafter/-innen haften |
| | →**unmittelbar**: Jeder kann für die Verbindlichkeiten direkt in Anspruch genommen werden. |
| | →**unbeschränkt**: volle Haftung mit dem gesamten Vermögen (Geschäfts- und Privatvermögen) |
| | →**gesamtschuldnerisch**: Jeder steht für alle Geschäftsschulden ein. |
| Geschäfts-führung (Innen-verhältnis) | →**Einzelgeschäftsführungsbefugnis für alle ge-wöhnlichen Geschäftshandlungen,** z. B. Waren-einkauf, -verkauf, Einstellung und Entlassung von Arbeitskräften |
| | →**Gesamtgeschäftsführungsbefugnis bei außer-gewöhnlichen Geschäftshandlungen**, z. B. Kauf oder Verkauf von Grundstücken |
| | →Geschäftsführungsbefugnis kann durch Gesell-schaftsvertrag beschränkt und aufgehoben werden |
| | →Bei Widerspruch eines geschäftsführenden Gesell-schafters muss die Vornahme einer Handlung unterbleiben. |
| Vertretung (Außen-verhältnis) | →**Einzelvertretungsbefugnis** jedes Gesellschafters, sofern der Gesellschaftsvertrag nicht Gesamt-vertretung aller Gesellschafter oder Einzel- bzw. Gesamtvertretung bestimmter Gesellschafter oder Einzelvertretung eines Gesellschafters mit dem Prokuristen vorsieht |
| Vertretung (Außen-verhältnis) | →Umfang der Vertretungsmacht ist gegenüber Drit-ten **unbeschränkt und unbeschränkbar**, d. h,. die Vertretungsmacht erstreckt sich auf **alle** Rechts-geschäfte (gewöhnlich und außergewöhnlich) |

| Gewinn- und Verlust- verteilung | ⇢ Verteilung **nach Vereinbarung im Gesellschafts-vertrag** |
|---|---|
| | ⇢ sonst nach **HGB: 4 % Kapitalverzinsung, Rest nach Köpfen** |
| | ⇢ Verlustverteilung ebenso nach Köpfen |

## 2.12.3 Kommanditgesellschaft (KG)

| Gründung | ⇢ Zusammenschluss von mindestens zwei Gesell-schaftern, also **mindestens ein Komplementär (Vollhafter) und ein Kommanditist (Teilhafter)** |
|---|---|
| | ⇢ **Beginn der Gesellschaft** im Innenverhältnis durch den Gesellschaftsvertrag festgelegt, im Außen-verhältnis, sobald Gesellschafter/-in Geschäfte im Namen der KG tätigt (spätestens mit Eintragung ins Handelsregister) |
| Firma | ⇢ Es ist eine **Personen-, Sach-, Fantasie- oder Mischfirma** möglich. |
| | ⇢ zwingender Rechtsformzusatz: **„Kommandit-gesellschaft"** oder **KG** |
| Kapital-aufbringung | ⇢ **durch die Gesellschafter/-innen** (Kapitalaufbrin-gungspflicht) |
| | ⇢ **keine Mindesthöhe** der Einlage vorgeschrieben; Art und Höhe der Einlagen richtet sich nach dem Gesellschaftsvertrag |
| Haftung | Alle **Komplementäre** (Vollhafter) haften |
| | ⇢ **unmittelbar**: Jeder kann für die Verbindlichkeiten direkt in Anspruch genommen werden. |
| | ⇢ **unbeschränkt**: volle Haftung mit dem gesamten Vermögen (Geschäfts- und Privatvermögen) |
| | ⇢ **gesamtschuldnerisch**: Jeder steht für alle Ge-schäftsschulden ein. |
| | ⇢ Alle **Kommanditisten** (Teilhafter) haften nur mit ihrer Kapitaleinlage. |

| Geschäfts-führung (Innen-verhältnis) | → Die **Geschäftsführungsbefugnis** wird von dem **Komplementär** bzw. den Komplementären (gemeinschaftlich wie bei der OHG) ausgeübt.<br>→ Die **Kommanditisten** sind von der Geschäfts-führung ausgeschlossen. |
|---|---|
| Vertretung (Außen-verhältnis) | → Die **Vertretungsbefugnis** wird von dem **Komplementär** bzw. den Komplementären (gemeinschaftlich wie bei der OHG) ausgeübt.<br>→ Die **Kommanditisten** sind **von der Vertretung ausgeschlossen**. |
| Gewinn- und Verlust-verteilung | → nach **HGB: 4 % Kapitalverzinsung, Rest in angemessenem Verhältnis**<br>→ Verlustverteilung ebenso in angemessenem Verhältnis<br>→ genaue Regelung im Gesellschaftsvertrag notwendig, da das „angemessene Verhältnis" im HGB nicht genauer beschrieben ist |

## GmbH & Co. KG

Als Sonderform der KG kann die GmbH & Co. KG bezeichnet werden. Hier fungiert die GmbH als Komplementär (Vollhafter) der KG. Dadurch haftet kein/-e Gesellschafter/-in dieser Rechtsform mit dem Privatvermögen, da ja die Kommanditisten nur Teilhafter sind.

## 2.12.4 Gesellschaft mit beschränkter Haftung (GmbH)

| Gründung | → mindestens ein Gründer (Ein-Personen-GmbH ist möglich)<br>→ GmbH entsteht erst durch die Eintragung ins Handelsregister |
|---|---|
| Firma | → Es ist eine **Personen-, Sach-, Fantasie- oder Mischfirma** möglich.<br>→ zwingender Rechtsformzusatz: **„Gesellschaft mit beschränkter Haftung"** oder GmbH |

| Kapital-aufbringung | →**durch die Gesellschafter** (Kapitalaufbringungs-pflicht) |
|---|---|
| | →Stammkapital (gezeichnetes Kapital): mindestens 25.000,00 EUR |
| | →Stammeinlage einzelner Gesellschafter: mind. 1,00 EUR |
| | →Sonderform der GmbH: Haftungsbeschränkte Unternehmensgesellschaft („Mini-GmbH") |
| | • Sie kann bereits mit einem symbolischen Euro gegründet werden („Ein-Euro-GmbH"). |
| | • Die Gesellschaft darf ihre Gewinne so lange nicht voll ausschütten, bis das Mindeststammkapital von 25.000,00 EUR erreicht ist. Jedes Jahr muss mindestens ein Viertel des Gewinns zum Aufbau des Stammkapitals zurückgelegt werden. |
| **Haftung** | →Alle Gesellschafter haften nur mit ihrer Einlage. |
| **Organe** | →Geschäftsführer |
| | • hat die Geschäftsführungsbefugnis und die Vertretungsmacht |
| | • bei mehr als 2.000 Arbeitnehmer/innen (AN) zu-sätzlich ein Arbeitsdirektor |
| | →Aufsichtsrat (AR) |
| | • bei GmbH bis maximal 500 AN: kein AR not-wendig |
| | • bei GmbH von 501 bis 2.000 AN: AR (nach Be-trVG) notwendig (Zusammensetzung: $2/3$ Gesell-schaftervertreter, $1/3$ AN-Vertreter, Mindest-mitgliederzahl: 3) |
| | • bei GmbH über 2.000 AN: AR (nach Mitbestim-mungsgesetz) notwendig (Zusammensetzung $1/2$ Gesellschaftervertreter, $1/2$ AN-Vertreter, Mindestmitgliederzahl: 12, AR-Vorsitzender = Gesellschaftsvertreter mit zweiter Stimme in Pattsituationen) |
| | • Aufgaben u. a.: Bestellung, Überwachung und Abrufung des Geschäftsführers/der Geschäfts-führerin |

| | |
|---|---|
| | ⇢ Gesellschafterversammlung<br>• oberstes Organ mit erheblich mehr Rechten als vergleichbare HV bei AG<br>• bestellt Geschäftsführer/-in (bei GmbH mit max. 500 AN)<br>• zwingende Rechte der Gesellschafter: Satzungsänderungen, Auflösung<br>• sonstige Rechte, sofern keine andere Regelung per Satzung getroffen ist: Feststellung Jahresabschluss und Gewinnverwendung, Bestellung von Prokuristen und allgemeinen Handlungsbevollmächtigten, Bestellung und Abberufung des Geschäftsführers/der Geschäftsführerin (bei max. 500 AN, sonst durch AR) |
| **Geschäftsführung (Innenverhältnis)** | ⇢ Der **Geschäftsführer**, der ein Gesellschafter sein kann (geschäftsführender Gesellschafter), aber nicht sein muss (angestellter Geschäftsführer), hat die **Einzelgeschäftsführungsbefugnis**. |
| **Vertretung (Außenverhältnis)** | ⇢ Die **Vertretungsmacht** wird durch Geschäftsführer/-in ausgeübt. |
| **Gewinn- und Verlustverteilung** | ⇢ ist im Gesellschaftsvertrag zu regeln |

## 2.12.5 Aktiengesellschaft (AG)

| | |
|---|---|
| **Gründung** | ⇢ mindestens ein/-e Gründer/-in<br>⇢ AG entsteht erst durch die Eintragung ins Handelsregister |
| **Firma** | ⇢ Es ist eine **Personen-, Sach-, Fantasie- oder Mischfirma** möglich.<br>⇢ zwingender Rechtsformzusatz: **„Aktiengesellschaft"** oder **AG** |
| **Kapitalaufbringung** | ⇢ Der Mindestnennbetrag des Grundkapitals (in der Bilanz: „gezeichnetes Kapital") beträgt 50.000,00 EUR. Es setzt sich zusammen aus den Nennbeträgen der Aktien. |

| Haftung | ⇢ Alle Aktionäre haften nur mit ihrer Einlage, also dem Wert ihrer Aktie. |
|---|---|
| Organe | ⇢ Vorstand (Leitungsorgan)<br>• Leitung der Gesellschaft unter eigener Verantwortung<br>• Berichterstattung an den Aufsichtsrat<br>⇢ Aufsichtsrat (Überwachungsorgan)<br>• Bestellung und Abberufung des Vorstandes<br>• Überwachung des Vorstandes<br>⇢ Hauptversammlung (Beschlussorgan)<br>• Wahl der Aufsichtsratsmitglieder<br>• Entlastung der Mitglieder des Aufsichtsrates und des Vorstandes<br>• Entscheidung über die Verwendung des Bilanzgewinns<br>• Beschlüsse über Satzungsänderungen, Fusionen, Auflösung und ähnlich elementare Fragen |
| Geschäftsführung (Innenverhältnis) | ⇢ Der **Vorstand** führt die Geschäfte der Aktiengesellschaft. |
| Vertretung (Außenverhältnis) | ⇢ Der **Vorstand** vertritt das Unternehmen nach außen. |
| Gewinn- und Verlustverteilung | ⇢ Der **Vorstand macht Vorschlag** über Gewinnverwendung (z. B. Einbehaltung des Gewinns, um Investitionen zu tätigen, oder Ausschüttung in Form einer Dividende an die Aktionäre), die **Hauptversammlung beschließt**, wie der Gewinn verwendet wird. |

## Die Aktie

⇢ Die Aktie ist eine Urkunde, in der die Mitgliedschaft in der AG verbrieft wird.

⇢ Jede Aktie repräsentiert einen Bruchteil am Grundkapital.

⇢ Der Nennwert einer Aktie ist der auf der Aktie vermerkte Wert. Er wird einmalig festgelegt und bleibt stabil. Der Mindestnennwert einer Aktie beträgt 1,00 EUR.

→ Der Kurswert einer Aktie ist der an der Börse gehandelte Preis (Aktienkurs) und unterliegt ständigen Schwankungen.

## 2.12.6 Eingetragene Genossenschaft (eG)

| | |
|---|---|
| **Gründung** | → mindestens drei gründende Personen<br>→ Die gründenden Personen stellen ein Statut (Satzung) auf. Dies bedarf der schriftlichen Form.<br>→ Durch die Eintragung in das Genossenschaftsregister entsteht die Genossenschaft als juristische Person und zugleich als Formkaufmann. |
| **Firmierung** | → Es ist eine **Personen-, Sach-, Fantasie- oder Mischfirma** möglich.<br>→ zwingender Rechtsformzusatz: **„eingetragene Genossenschaft"** oder **eG** |
| **Kapitalaufbringung** | → **Geschäftsanteil** ist der im Statut festgelegte und von den Gesellschaftern einzuzahlende Betrag. Die Mindesteinzahlung beträgt $1/_{10}$.<br>→ **Geschäftsguthaben** ist der eingezahlte Betrag jedes Mitglieds. Gewinne werden so lange zugeschrieben, bis der Geschäftsanteil erreicht ist, Verluste werden entsprechend abgezogen. |
| **Haftung** | Ist eine beschränkte Haftsumme im Statut festgelegt, so darf diese nicht niedriger sein als der Geschäftsanteil. Die Risikosumme setzt sich demzufolge aus Geschäftsanteil und Haftsumme zusammen. |
| **Organe** | → Vorstand (Leitungsorgan)<br>  • Leitung der Genossenschaft<br>  • Berichterstattung an den Aufsichtsrat<br>→ Aufsichtsrat (Überwachungsorgan)<br>  • Bestellung und Abberufung des Vorstandes<br>  • Überwachung des Vorstandes |
| **Organe** | Generalversammlung (Beschlussorgan)<br>→ Wahl der Aufsichtsratsmitglieder<br>→ Entlastung der Mitglieder des Aufsichtsrates und des Vorstandes<br>→ elementare Beschlüsse wie Satzungsänderungen<br>→ Abstimmung nach Köpfen, nicht nach Geschäftsanteilen |

| Ziele | → Förderung des Erwerbs oder der Wirtschaft ihrer Mitglieder (Genossen) mittels eines gemeinschaftlichen Geschäftsbetriebes<br>→ Selbsthilfe der Mitglieder durch gegenseitige Förderung<br>→ Gewinn gehört **nicht** zu den Zielen der Genossenschaft |
|---|---|
| Arten | → Beschaffungsgenossenschaften (z. B. Einkaufsgenossenschaften, Kreditgenossenschaften, Verbrauchergenossenschaften)<br>→ Verwertungsgenossenschaften (z. B. landwirtschaftliche Absatzgenossenschaften, Fischerei- und Fischereiverwertungsgenossenschaften) |

## 2.13 Steuern und Versicherungen

Steuern sind Zwangsabgaben, die vom Staat (im Gegensatz zu Gebühren) ohne direkte Gegenleistung erhoben werden. Sie dienen der Finanzierung von Staatsaufgaben.

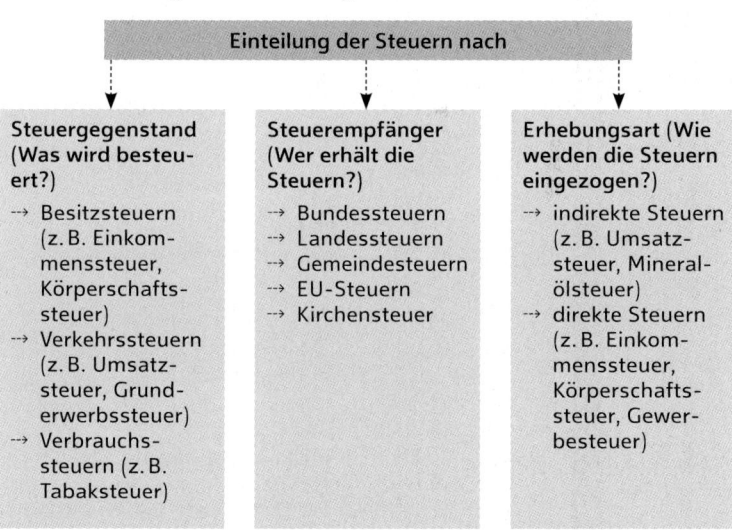

**Einteilung der Steuern nach**

**Steuergegenstand (Was wird besteuert?)**

→ Besitzsteuern (z. B. Einkommenssteuer, Körperschaftssteuer)
→ Verkehrssteuern (z. B. Umsatzsteuer, Grunderwerbssteuer)
→ Verbrauchssteuern (z. B. Tabaksteuer)

**Steuerempfänger (Wer erhält die Steuern?)**

→ Bundessteuern
→ Landessteuern
→ Gemeindesteuern
→ EU-Steuern
→ Kirchensteuer

**Erhebungsart (Wie werden die Steuern eingezogen?)**

→ indirekte Steuern (z. B. Umsatzsteuer, Mineralölsteuer)
→ direkte Steuern (z. B. Einkommenssteuer, Körperschaftssteuer, Gewerbesteuer)

Bei den Versicherungen muss zwischen den gesetzlichen Sozialversicherungen und den Individualversicherungen unterschieden werden.

| | Sozialversicherung | Individualversicherung |
|---|---|---|
| **Grundsatz** | → Pflichtversicherung<br>→ Solidaritätsprinzip | → freiwillige Versicherung<br>→ Individualprinzip |
| **Versicherte Personen** | Arbeitnehmer/-innen | natürliche und juristische Personen |
| **Versicherte Risiken** | → Krankheit (Krankenversicherung)<br>→ Arbeitsunfall (Unfallversicherung)<br>→ Arbeitslosigkeit (Arbeitslosenversicherung)<br>→ Altersvorsorge (Rentenversicherung)<br>→ Pflegebedürftigkeit (Pflegeversicherung) | alle versicherbaren Risiken des Alltags:<br>→ Personenversicherungen (z. B. private Unfall-, Kranken- oder Lebensversicherung)<br>→ Sachversicherungen (z. B. Feuer- oder Sturmschadenversicherung)<br>→ Vermögensversicherungen (z. B. Haftpflicht- oder Rechtsschutzversicherung) |
| **Beitragshöhe** | richtet sich nach dem Einkommen der Versicherten (Ausnahme: Unfallversicherung) | richtet sich nach Art und Höhe des versicherten Risikos |
| **Leistungen** | sind gesetzlich festgelegt | werden vertraglich vereinbart |
| **Träger** | staatliche Einrichtungen | private und öffentlich-rechtliche Versicherungsunternehmen |

# 3 Menschliche Arbeit im Betrieb[1]

## 3.1 Berufsausbildungsvertrag

### Vertragspartner

--> Ausbildende/-r und Auszubildende/-r (bei Minderjährigen: gesetzlicher Vertreter)
--> Eintragung in das Verzeichnis der Ausbildungsverhältnisse bei der zuständigen Kammer (z. B. IHK, HWK)

### Inhalte nach § 11 BBiG

--> Art, Gliederung und Ziel der Ausbildung
--> Beginn und Dauer der Ausbildung
--> Ausbildungsmaßnahmen außerhalb der Arbeitsstätte
--> Dauer der täglichen Arbeitszeit
--> Probezeit (ein bis max. vier Monate, siehe § 20 BBiG)
--> Höhe der Ausbildungsvergütung
--> Anzahl der Urlaubstage

### Rechte/Pflichten der Ausbilders/Auszubildenden

| Rechte der Auszubildenden = Pflichten der Ausbilder | Pflichten der Auszubildenden = Rechte der Ausbilder |
|---|---|
| --> Ausbildung gemäß Ausbildungsziel | --> Dienstleistungspflicht (Weisungen sind zu befolgen und sorgfältig auszuführen) |
| --> Vergütung | --> Lernpflicht |
| --> Gewährung von Urlaub | --> Berufsschulbesuch |
| --> Fürsorgepflicht | --> Schweigepflicht über Betriebsgeheimnisse |
| --> Freistellung für die Berufsschule | --> Führen eines Berichtsheftes |
| --> Ausstellung eines Ausbildungszeugnisses | |
| --> Bereitstellung von Ausbildungs- und Prüfungsmitteln | |

---

[1] siehe dazu auch Kapitel D 5 Personalwirtschaft

## 3.2  Arbeitsvertrag

▶ Der Arbeitsvertrag ist ein Dienstvertrag (siehe § 611 BGB), durch den sich Arbeitnehmer/-innen gegenüber ihren Arbeitgeber/-innen zur entgeltlichen Arbeitsleistung verpflichten.

### Inhalte

⇢ Name und Anschrift der Vertragsparteien
⇢ Beginn und evtl. Dauer des Arbeitsverhältnisses
⇢ Arbeitsort
⇢ Bezeichnung der Tätigkeit
⇢ Höhe des Arbeitsentgeltes
⇢ Arbeitszeit
⇢ Anzahl der Urlaubstage
⇢ Kündigungsfristen
⇢ Hinweise auf Tarifverträge bzw. Betriebsvereinbarungen

### Rechte/Pflichten der Arbeitgeber/Arbeitnehmer

| Pflichten der Arbeitnehmer = Rechte der Arbeitgeber | Rechte der Arbeitnehmers = Pflichten der Arbeitgebers |
|---|---|
| ⇢ Dienstleistungspflicht (Erfüllung der Leistungen aus dem Arbeitsvertrag)<br>⇢ Treuepflicht (Wahrung der Betriebsgeheimnisse, Unterstützung der Unternehmensziele)<br>⇢ Wettbewerbsverbot (keine Konkurrenz für eigenen Arbeitgeber) | ⇢ Entgeltzahlung<br>⇢ Gewährung von Urlaub<br>⇢ Fürsorgepflicht<br>⇢ Ausstellen eines Zeugnisses |

## 3.3  Tarifrecht

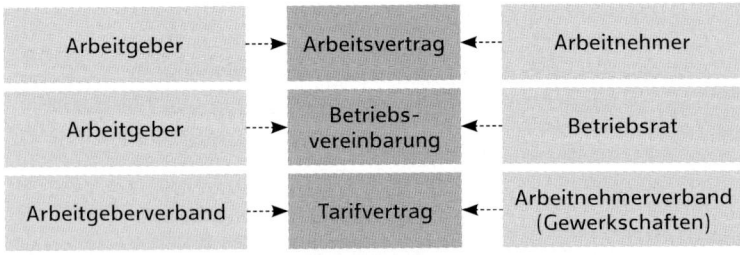

66

## Tarifvertrag

▶ Der Tarifvertrag ist eine Kollektivvereinbarung für die ganze Berufsgruppe einer Branche.

## Lohn- und Gehaltstarifverträge

--→ Regelungen bezüglich des Arbeitsentgelts
--→ meist kurze Laufzeit (max. zwei Jahre)

## Manteltarifverträge

--→ regeln allgemeine Arbeitsbedingungen (z. B. über die Arbeitszeit, Anzahl der Urlaubstage u. Ä.)
--→ haben i. d. R. eine längere Laufzeit von mehreren Jahren

## Koalitionsfreiheit

Das Grundgesetz (Art. 9) garantiert Arbeitgebern und Arbeitnehmern die Möglichkeit, sich in Interessenverbänden zusammenzuschließen.

## Tarifautonomie

Die Tarifparteien (Arbeitgeberverband und Gewerkschaft) entscheiden bei dem Abschluss eines Tarifvertrages autonom, d. h., eine Einmischung von außen seitens der Politik ist untersagt.

## Tarifbindung

Die im Tarifvertrag getroffenen Regelungen gelten als Mindestbedingungen für Arbeitsverträge und Betriebsvereinbarungen.

## Allgemeinverbindlichkeitserklärung

Der Tarifvertrag gilt für alle Arbeitgeber und Arbeitnehmer seines Geltungsbereiches, also auch für Nichtmitglieder, wenn er vom Bundesarbeitsminister auf Antrag einer Tarifvertragspartei für allgemein verbindlich erklärt wurde.

## Friedenspflicht

Während der Laufzeit eines Tarifvertrages sind keine Arbeitskampfmaßnahmen erlaubt.

## Ablauf der Tarifverhandlungen

Kommt es zwischen den Tarifparteien zu keiner Einigung, kann entweder ein Schlichter eingeschaltet werden oder es kommt zu Arbeitskampfmaßnahmen (Streik, Aussperrung).

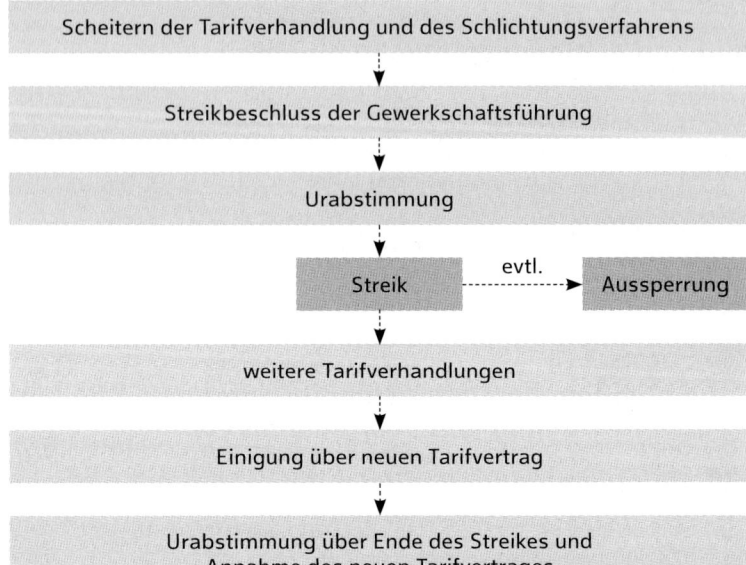

▶ Die **Schlichtung** ist ein Verfahren zur Verhinderung bzw. Beilegung von Streitigkeiten, ohne dass es zu Arbeitskampfmaßnahmen kommt. Das Schlichtungsverfahren endet mit dem Einigungsvorschlag des Schlichters (Schiedsspruch). Dieser kann, muss aber nicht akzeptiert werden.

▶ Der **Streik** ist eine planmäßig durchgeführte, vorübergehende Arbeitsniederlegung einer größeren Zahl von Arbeitnehmern mit dem Ziel, die eigenen Forderungen in den Tarifverhandlungen durchzusetzen. Voraussetzung für einen Streik ist es, dass in einer **Urabstimmung** mindestens 75 % der abstimmungsberechtigten Gewerkschaftsmitglieder einem Streik zustimmen.

▶ Die **Aussperrung** ist das Gegenmittel der Arbeitgeber gegen einen Streik. Hier werden die Arbeitsverhältnisse einer größeren Zahl von streikenden Arbeitnehmern aufgehoben. Für diese Zeit entfällt die Lohnzahlungspflicht.

# 3.4 Arbeitsschutzbestimmungen

## 3.4.1 Jugendarbeitsschutzgesetz

**Geltungsbereich:** für alle Personen, die noch nicht 18 Jahre alt sind. Ab Volljährigkeit gilt das Jugendarbeitsschutzgesetz (auch für Auszubildende) nicht mehr!

**Ziel:** Schutz der Jugendlichen (unter 18 Jahren) vor Gefährdungen am Arbeitsplatz

**Überwachung:** durch Gewerbeaufsichtsämter, Jugendvertreter, Betriebsrat

**Regelungen**

| | |
|---|---|
| **Verbot von Kinderarbeit** | → Für Kinder (Personen unter 15 Jahren) ist die Beschäftigung verboten. |
| **Ärztliche Untersuchung (§§ 32, 33 JArbSchG)** | → Bescheinigung über Erstuntersuchung<br>→ Nachuntersuchung (nach einem Jahr) |
| **Frühester Arbeitsbeginn** | → normalerweise: 06:00 Uhr<br>→ Ausnahmen (Bäcker):<br>• ab 16 Jahre: 05:00 Uhr<br>• ab 17 Jahre: 04:00 Uhr |
| **Spätestes Arbeitsende** | → normalerweise: 20:00 Uhr<br>→ Ausnahmen:<br>• Gaststätten: 22:00 Uhr<br>• Mehrschichtbetriebe: 23:00 Uhr |
| **Wochenarbeitszeit (§§ 8, 15 JArbSchG)** | → Fünftagewoche<br>→ 40 Stunden<br>→ täglich 8 Std., bei früherem Arbeitsschluss an anderen Tagen (z. B. Freitag) auch 8,5 Std. |
| **Freizeit und Pausen (§ 11 JArbSchG)** | → 12 Std. ununterbrochene Freizeit (keine Ausnahmen!)<br>→ Pausen:<br>• 30 Min. (bei 4,5–6 Std. Arbeit)<br>• 60 Min. (bei mehr als 6 Std. Arbeit) |

| Höchstschichtzeit | → grundsätzlich: 10 Std. <br> → Ausnahmen: <br> • Bergbau: 8 Stunden <br> • Landwirtschaft, Bau, Montage: 11 Std. |
|---|---|
| **Urlaub** <br> (§ 19 JArbSchG) | → 15-Jährige: mind. 30 Tage Urlaub <br> (Ausnahme Bergbau: 33 Tage) <br> → 16-Jährige: mind. 27 Tage Urlaub <br> (Bergbau: 30 Tage) <br> → 17-Jährige: mind. 25 Tage Urlaub <br> (Bergbau: 28 Tage) |
| **Verbote** <br> (§§ 16, 17, 22–24 <br> JArbSchG) | → Samstagsarbeit (Ausnahmen: Einzelhandel, Friseure, Bäcker, Krankenhäuser, Gaststätten etc.) <br> → Sonntagsarbeit (Ausnahmen: Kranken- häuser, Gaststätten) <br> → Akkordarbeit <br> → Nachtarbeit <br> → gefährliche Arbeiten |
| **Berufsschule, Prüfungen** | → Freistellung von der Arbeit zum Zwecke des regelmäßigen Besuchs der Berufsschule <br> → Anrechnung auf Arbeitszeit <br> → Beschäftigungsverbot an einem Tag in der Woche bei Berufsschulunterricht von mehr als fünf Stunden <br> → Beschäftigungsverbot in Berufsschulwochen mit einem planmäßigen Blockunterricht von 25 oder mehr Stunden an mindestens fünf Tagen <br> → Freistellung für Berufsabschlussprüfungen (bei Einzelhandelskaufleuten für die IHK- Prüfungen) <br> → ein freier Tag unmittelbar vor der Berufs- abschlussprüfung <br> → seit 01.01.2020 gelten die Regelungen zur Freistellung für Berufsschule und Prüfungen auch für volljährige Auszubildende |

## 3.4.2 Kündigungsschutzgesetz

Grundsätzlich gilt für alle Kündigungen:

--> Kündigungen bedürfen der Schriftform (siehe § 623 BGB).
--> Vor jeder Kündigung ist der Betriebsrat zu hören, ansonsten ist die Kündigung unwirksam (BetrVerfG).

### Ordentliche (= fristgerechte) Kündigung

Die gesetzlichen Kündigungsfristen sind als Mindestregelungen zu verstehen. Durch Tarifvertrag oder im Arbeitsvertrag kann eine längere Kündigungsfrist vereinbart werden (siehe § 622 Abs. 4, 5 BGB).

### Gesetzliche Kündigungsfristen (§ 622 BGB)

--> Grundkündigungsfrist für Angestellte und Arbeiter/innen:
**vier Wochen** zum **15. eines Monats** oder zum **Monatsende**
--> verlängerte Kündigungsfristen (§ 622 Abs. 2 BGB):
Die verlängerten Kündigungsfristen gelten **nur bei Kündigungen durch den Arbeitgeber.** Aufgrund eines Urteils des Europäischen Gerichtshofs sind auch Zeiten vor dem 25. Lebensjahr anzurechnen.
Die verlängerten Kündigungsfristen betragen:
- **einen Monat** zum Ende des Kalendermonats, wenn das **Arbeitsverhältnis** mind. **zwei Jahre** bestanden hat
- **zwei Monate** zum Ende des Kalendermonats, wenn das **Arbeitsverhältnis** mind. **fünf Jahre** bestanden hat
- **drei Monate** zum Ende des Kalendermonats, wenn das **Arbeitsverhältnis** mind. **acht Jahre** bestanden hat
- **vier Monate** zum Ende des Kalendermonats, wenn das **Arbeitsverhältnis** mind. **zehn Jahre** bestanden hat
- **fünf Monate** zum Ende des Kalendermonats, wenn das **Arbeitsverhältnis** mind. **zwölf Jahre** bestanden hat
- **sechs Monate** zum Ende des Kalendermonats, wenn das **Arbeitsverhältnis** mind. **fünfzehn Jahre** bestanden hat
- **sieben Monate** zum Ende des Kalendermonats, wenn das **Arbeitsverhältnis** mind. **zwanzig Jahre** bestanden hat

### Kündigungsfrist bei Kleinbetrieben

Für Betriebe mit nicht mehr als 20 Vollzeitbeschäftigten (ohne Auszubildende) kann einzelvertraglich eine Grundkündigungsfrist von vier Wochen zu jedem Zeitpunkt vereinbart werden.

## Kündigungsfrist bei Aushilfsverträgen

Hierbei kann eine beliebige Frist für die beiderseitige Kündigung vereinbart werden (§ 622 Abs. 5 Nr. 1 BGB). Voraussetzung ist, dass das Arbeitsverhältnis auf höchstens drei Monate begrenzt ist. Besteht das Aushilfsarbeitsverhältnis länger als drei Monate, gelten die gesetzlichen Kündigungsfristen.

## Kündigungsfrist in der Probezeit

--> **Arbeitsverträge**
   Kündigungsfrist: zwei Wochen (siehe § 622 Abs. 3 BGB); Probezeit: maximal sechs Monate
--> **Ausbildungsverhältnisse**
   Probezeit: keine Kündigungsfrist; Probezeit: maximal vier Monate (siehe § 20 BBiG)

Die Kündigung kann bis zum letzten Tag der Probezeit ausgesprochen werden. Die Kündigung kann ohne Angabe von Gründen erfolgen.

## Außerordentliche Kündigung

Voraussetzung (§ 626 BGB): Ein wichtiger Grund liegt vor, d. h. ein schwerwiegender Verstoß gegen die Hauptpflichten aus dem Arbeitsvertrag, mit der Folge, dass die Fortsetzung des Arbeitsverhältnisses unzumutbar ist.

**Beispiele:** *grobe Beleidigung, Diebstahl, Betrug, Verrat von Betriebsgeheimnissen, Tätlichkeit, ausbleibendes Arbeitsentgelt, fehlende Arbeitsschutzmaßnahmen, sexuelle Belästigung*

Je nach Kündigungsgrund ist für die außerordentliche Kündigung aber **evtl. eine vorherige Abmahnung notwendig**, um einer Überprüfung vor dem Arbeitsgericht standzuhalten. Dies wäre beispielsweise der Fall bei einer Kündigung wegen häufiger Unpünktlichkeit, der Weigerung, Arbeitsschutzvorschriften zu beachten, der Weigerung, die vertraglich übernommene Arbeit zu erbringen u. Ä.

Die Kündigung muss **spätestens zwei Wochen nach Bekanntwerden des wichtigen Grundes** erfolgen. Der Kündigungsgrund kann also nicht für eine spätere Kündigung „aufgespart" werden.

## Das Kündigungsschutzgesetz (KSchG)

--> schützt die Arbeitnehmer vor ungerechtfertigten Kündigungen und Willkür der Arbeitgeber
--> greift nur bei ordentlichen Kündigungen, nicht bei außerordentlichen Kündigungen

--> unterscheidet zwischen dem allgemeinen Kündigungsschutz und dem besonderen Kündigungsschutz

--> gilt erst ab einer Beschäftigungsdauer von mehr als sechs Monaten

--> wird nicht bei Kleinbetrieben mit bis zu zehn vollzeitbeschäftigten Arbeitnehmern (ohne Auszubildende) angewandt

## Allgemeiner Kündigungsschutz

Nach dem Kündigungsschutzgesetz (KSchG) muss jede Kündigung **sozial gerechtfertigt** sein, d.h., es muss **entweder**

--> ein Grund in der **Person** oder im **Verhalten** des Arbeitnehmers vorliegen
   **Beispiele:** *unzureichende Arbeitsleistung, Weigerung, gesetzlich erlaubte und zumutbare Mehrarbeit zu leisten, Verletzung der Anzeige- und Nachweispflichten im Krankheitsfall, unerlaubter Alkoholgenuss während der Arbeitszeit, häufige Krankheiten; je nach Sachlage ist evtl. eine vorherige* **Abmahnung** *erforderlich!*

**oder**

--> es müssen **dringende betriebliche Erfordernisse** (z. B. Auftragsmangel) gegeben **und soziale Gesichtspunkte** (Betriebszugehörigkeit, Alter, Unterhaltspflichten) ausreichend berücksichtigt worden sein (Arbeitgeber kann von der Sozialauswahl Arbeitnehmer ausnehmen, die wegen ihrer Kenntnisse und Leistungen für das Unternehmen besonders wichtig sind)

**und**

--> die Beschäftigung an einem anderen Arbeitsplatz darf nicht möglich sein

**und**

--> der Betriebsrat darf der Kündigung nicht schriftlich widersprochen haben.

## Besonderer Kündigungsschutz

Schutz folgender Personengruppen:

--> Betriebsräte, Jugend- und Auszubildendenvertretung (Zustimmung des Betriebsrats erforderlich, ersatzweise Arbeitsgericht)

--> Schwerbehinderte (Zustimmung des Integrationsamtes erforderlich)

--> Schwangere: während der Schwangerschaft und vier Monate nach der Geburt unkündbar

--> Personen im Erziehungsurlaub: unkündbar
--> Auszubildende: nach der Probezeit unkündbar

### 3.4.3 Mutterschutzgesetz

**Beschäftigungsverbot**

--> sechs Wochen vor bis acht Wochen nach der Entbindung
--> Beschäftigungsverbot bei Gefahr für Mutter und Kind

**Kündigungsschutz**

--> während der Schwangerschaft bis vier Monate nach der Entbindung
--> während des Erziehungsurlaubs (bis drei Jahre nach der Geburt)

**Sonstige Verbote**

--> schwere körperliche Arbeiten
--> gesundheitsgefährdende Arbeiten
--> Fließbandarbeit
--> Akkordarbeit
--> Nacht-, Sonn- und Feiertagsarbeit

### 3.4.4 Arbeitsschutzgesetz und Arbeitszeitgesetz

--> **Arbeitszeit** maximal zehn Stunden pro Tag: Das Arbeitsschutz-
   gesetz (ArbSchG) erlaubt acht Stunden. Diese können aber
   auch verlängert werden, wenn innerhalb von sechs Kalender-
   monaten im Durchschnitt acht Stunden pro Werktag nicht über-
   schritten werden. Verlängerungen sind laut Arbeitszeitgesetz
   (ArbZG) nur mit schriftlicher Zustimmung des Arbeitnehmers
   möglich (siehe § 3 ArbZG).
--> ausreichende **Pausenzeiten** (siehe § 4 ArbZG)
   • bei sechs bis neun Stunden Arbeitszeit: mindestens 30 Minu-
     ten Pause
   • bei mehr als neun Stunden Arbeitszeit: mindestens 45 Minu-
     ten Pause
   • Pausen dürfen nicht am Anfang oder am Ende der Arbeitszeit
     liegen, sondern müssen die Tätigkeit unterbrechen.
--> **Ruhezeiten** von mindestens elf Stunden zwischen den Diensten
   (siehe § 5 ArbZG)
--> **Nachtarbeitszeit** maximal zehn Stunden (siehe § 6 ArbZG)

## 3.5 Mitwirkung und Mitbestimmung der Arbeitnehmer

### Betriebsverfassungsgesetz (BetrVG)

▶ Das Betriebsverfassungsgesetz beinhaltet die wichtigsten Regelungen zur Mitwirkung und Mitbestimmung der Arbeitnehmer

### Betriebsrat

▶ Der Betriebsrat ist die Vertretung der Arbeitnehmer gegenüber dem Arbeitgeber.

### Jugend- und Auszubildendenvertretung

▶ Sie vertritt die Belange der Jugendlichen und Auszubildenden (§ 60 ff. BetrVG).

### Betriebsversammlung

▶ Versammlung aller Arbeitnehmer eines Betriebes. Sie ist vom Betriebsrat einzuberufen und wird vom Betriebsratsvorsitzenden geleitet. Auch der Arbeitgeber hat ein Teilnahme- und Rederecht.

### Betriebsausschuss

▶ Dieser wird gebildet, wenn der Betriebsrat mindestens neun Mitglieder umfasst (§ 27 BetrVG).

### Betriebvereinbarung

▶ Vereinbarung auf betrieblicher Ebene zwischen Arbeitgeber und Betriebsrat.

### Einigungsstelle

▶ Diese wird bei Bedarf zur Beilegung von Meinungsverschiedenheiten zwischen Arbeitgeber und Betriebsrat (§ 76 BetrVG) gebildet.

## Rechte des Betriebsrates

→ **Informationsrecht:** Der **Betriebsrat hat das Recht**, über die wirtschaftliche Lage des Betriebes, die Personalplanung sowie geplante betriebliche Veränderungen (z. B. Betriebsstilllegungen, Betriebsverlagerungen, Zusammenschlüsse oder Rationalisierungsmaßnahmen) rechtzeitig **informiert zu werden**.

→ **Mitwirkungsrecht:** Der **Betriebsrat kann unter bestimmten Voraussetzungen die Zustimmung** bei bestimmten personellen Einzelmaßnahmen (z. B. Einstellung, Kündigung, Versetzung, Eingruppierung) **verweigern bzw. Widerspruch einlegen**. Bei Nichteinigung zwischen Betriebsrat und Unternehmensleitung entscheidet das Arbeitsgericht.

→ **Mitbestimmungsrecht:** Bei einer Reihe von Maßnahmen (z. B. soziale Angelegenheiten wie Betriebsordnung, Arbeitszeiten, Pausenregelungen, Urlaubsplan u. Ä., betriebliche Bildungsmaßnahmen, Personalfragebögen und Beurteilungsgrundsätze, Sozialplan bei geplanten Betriebsänderungen) ist die **Zustimmung des Betriebsrates notwendig**. Der Betriebsrat ist hier gleichberechtigt zur Unternehmensleitung.

## 3.6 Handlungsvollmacht und Prokura

### Handlungsvollmacht (siehe § 54 HGB)

→ Zeichnungsberechtigung für alle gewöhnlichen Rechtshandlungen eines Handelsgewerbes

→ Erteilung durch Kaufleute i. S. d. HGB, Nichtkaufleute oder Prokuristen, mündlich, schriftlich oder stillschweigend

→ kein Eintrag ins Handelsregister

→ Zeichnung mit i. A. (= „im Auftrag", Unterzeichner tritt als Übermittler der Information auf) und i. V. (= „in Vollmacht", Unterzeichner ist Inhaber einer Vollmacht, die durch die Geschäftsführung bzw. einen Vorgesetzten ausdrücklich erteilt wurde)

→ Beendigung durch Auflösung des Arbeitsvertrages, Widerruf der Vollmacht, Geschäftsauflösung

--> Arten:

| Allgemeine Handlungsvollmacht (Gesamtvollmacht) | Artvollmacht | Einzelvollmacht |
|---|---|---|
| Vollmacht für alle gewöhnlichen Rechtshandlungen der Branche | Vollmacht für bestimmte Arten wiederkehrender, gewöhnlicher Rechtsgeschäfte (z. B. Einkäufer, Verkäuferin, Buchhalter) | Vollmacht für ein einzelnes Rechtsgeschäft (z. B. Vollmacht, einmalig Geld auf der Bank abzuheben) |

## Prokura (siehe § 48 ff. HGB)

--> Zeichnungsberechtigung für alle gewöhnlichen und außergewöhnlichen Rechtshandlungen eines Unternehmens (Ausnahmen: Aufnahme neuer Gesellschafter, Auflösen der Gesellschaft, Unterzeichnung von Bilanz und Steuererklärung ⇒ nur durch Geschäftsinhaber)
--> Einschränkungen der Prokura gegenüber Dritten sind grundsätzlich nicht möglich.
--> Erteilung nur durch Kaufleute i. S. d. HGB, mündlich oder schriftlich mittels ausdrücklicher Erklärung
--> Eintragung ins Handelsregister ist notwendig (deklaratorische Wirkung)
--> Zeichnung mit ppa = „per procura"
--> Beendigung durch Auflösung des Arbeitsvertrages, Widerruf der Vollmacht, Geschäftsauflösung, allerdings nicht bei Tod des Geschäftsinhabers
--> Arten:

| Einzelprokura | Gesamtprokura | Filialprokura |
|---|---|---|
| Der Prokurist ist alleine vertretungsberechtigt. | gemeinsame Vertretung von mehreren Prokuristen | Die Prokura ist auf eine Filiale oder einen abgegrenzten Bereich des Unternehmens begrenzt. |

# 3.7 Sozialversicherungen[1]

| Versiche-rungsart | Träger | Leistungsfall | Leistungen |
|---|---|---|---|
| Kranken-versicherung | Krankenkassen | Krankheit, Schwanger-schaft | ärztliche und zahn-ärztliche Behand-lung, Krankengeld, Rehabilitation, Arz-neimittel, Mutter-schaftsgeld, statio-näre Behandlung (Krankenhaus) |
| Pflege-versicherung | Pflegekasse der jeweiligen Krankenkasse | Pflegebedürf-tigkeit (Pfle-gestufen 1–3) | Pflegegeld, statio-näre Pflege |
| Unfall-versicherung | Berufsgenos-senschaft, Gemeinde-unfallversiche-rungsverbände | Arbeitsunfall, Wegeunfall, Berufser-krankung | Arbeitsschutz-maßnahmen, Reha-bilitation, BU-Ren-ten, Witwen- und Waisenrente |
| Arbeits-losen-versicherung | Bundesagen-tur für Arbeit | Berufslosig-keit, Arbeits-losigkeit | Berufsberatung, Arbeitsvermittlung, Insolvenzausfall-geld, Kurzarbeiter-geld, Arbeitslosen-geld I und II |
| Renten-versicherung | Deutsche Ren-tenversiche-rung Bund | Alter, Erwerbs-unfähigkeit | Altersrente, Wit-wen- und Waisen-rente |

Alle Sozialversicherungen mit Ausnahme der gesetzlichen Unfall-versicherung werden grundsätzlich von Arbeitgeber und Arbeitneh-mer zu je 50% getragen. Die genaue Berechnung der Sozial-versicherungsbeiträge entnehmen Sie bitte dem Kapitel D 5.6.

---

[1] siehe dazu auch Kapitel D 5.6 Gehaltsabrechnung

# 4 Arbeitssicherheit und Umweltschutz

## 4.1 Sicherheit und Gesundheitsschutz bei der Arbeit

### Arbeitsschutz

▶ Unter Arbeitsschutz sind Bestimmungen, Vorschriften, Maßnahmen zu verstehen, welche dem Schutz der Arbeitskraft dienen.

Der arbeitende Mensch ist bestimmten Gefahren ausgesetzt. Diese liegen in den

→ **Arbeitsbedingungen**, denen der Mensch unterworfen ist (Monotonie, einseitige Belastung, Körperhaltung, Arbeitstempo)
→ **Umgebungsbedingungen** (Lärm, Licht, Staub, Öl, Gase)
→ **technischen Betriebseinrichtungen** (z. B. Förderband, Gabelstapler, Werkzeuge)
→ **persönlichen Bedingungen** (Alter, Unerfahrenheit, gesundheitlicher Zustand, familiäre Belastung, Schwangerschaft, Müdigkeit)

Die aus dem Arbeitsvertrag resultierende Fürsorgepflicht des Arbeitgebers ist die umfassendste Rechtsgrundlage für eine risikomindernde Gestaltung des Arbeitsplatzes, der Arbeitsstätte und der Umgebung.

### Gewerbeordnung

Nach § 120 GewO sind Arbeitgeber verpflichtet, Arbeitsräume, Betriebsvorrichtungen, Maschinen und Gerätschaften so zu unterhalten und den Betriebsablauf so zu regeln, dass die Arbeitnehmer weitestgehend geschützt sind. Für genügend Licht, Luft und Abfallbeseitigung ist zu sorgen.

§ 62 HGB enthält eine ähnliche Bestimmung zum Schutz der kaufmännischen Angestellten. Auch aus dem JArbSchG (§ 28) ergeben sich entsprechende Pflichten der Arbeitgeber.

### Arbeitsstättenverordnung

Sie verfeinert die allgemein gehaltenen Bestimmungen der Gewerbeordnung und enthält Vorschriften über die Beschaffenheit von Arbeitsplätzen und -räumen, über Beleuchtung, Temperatur, Anforderungen an sanitäre Einrichtungen u. Ä., z. B.:

→ Temperatur in Büroräumen          20 °C
→ Temperatur in Verkaufsräumen     19 °C

| | |
|---|---|
| --> Lärmpegel | höchstens 70 dB(A) |
| --> Fußböden | eben und rutschhemmend |
| --> Flächenbedarf für Büro-Arbeitsplatz | 8–10 m² |
| --> Beleuchtungsstärke | etwa 800 Lux |

Die **Gewerbeaufsichtsämter** kontrollieren die Einhaltung der gesetzlichen Vorschriften über den sozialen Arbeitsschutz und die technischen Einrichtungen.

## Unfallverhütungsvorschriften

- --> werden von den **Berufsgenossenschaften** erlassen
- --> werden über **technische Aufsichtsbeamte** der Berufsgenossenschaften kontrolliert,
- --> sind branchenunabhängig ausgelegt
- --> sind vom Unternehmen an geeigneter Stelle im Betrieb auszulegen oder auszuhängen

## Maßnahmen zur Unfallverhütung

- --> Den größten Beitrag zur Unfallverhütung bringt die **Beachtung der Vorschriften** zum Arbeitsschutz und der Unfallverhütung.
- --> Weiterbildung von einem/mehreren Beschäftigten zur **Fachkraft für Arbeitssicherheit**
- --> Bestellung eines **Sicherheitsbeauftragten** durch den Arbeitgeber
- --> Betriebsärzte und staatliche Landesgewerbeärzte beraten die Betriebe bei der Verbesserung der Gesundheitsvorsorge **(Gewerbehygiene)**.
- --> Einstellung eines **Betriebsarztes** (ab einer bestimmten Unternehmensgröße)
  - erste Anlaufstelle für Unfälle/Erkrankungen im Zusammenhang mit der Arbeit
  - kein behandelnder Arzt
- --> Erstellung eines **Infoblattes mit allen wichtigen Daten** (nächster Verbandskasten, nächstes Krankenzimmer, Telefonnummer für Betriebsarzt, Pförtner [Anfahrt Krankenwagen], Fachkraft für Arbeitssicherheit). Dieses Blatt wird für jede Abteilung gesondert erstellt, an alle Beschäftigten ausgegeben und ausgehändigt.

## Brandverhütungsvorschriften

Der Bundesverband der Unfallversicherungträger der öffentlichen Hand e. V. (BAGUV), der Bundesverband der Deutschen Industrie (BDI) sowie der Verband der Sachversicherer (VdS) haben gemeinsam die Vorschriften zur Brandverhütung erarbeitet.

-→ Im Rahmen von **Baugenehmigungsverfahren** wird sichergestellt, dass der Feuerwehr im Brandfall ein sicheres Arbeiten
möglich ist.
-→ Arbeitsstätten sind mit entsprechenden **Brandschutzeinrich-
tungen** zu versehen:
  • Rauchmelder
  • amtlich geprüfte und zugelassene Feuerlöschgeräte
  • frei zugängliche Notausgänge
-→ besondere gesetzliche Regelungen für gefährdete Bereiche wie
z. B. Verordnung über brennbare Flüssigkeiten (VbF), Garagen-
verordnung u. Ä.

## 4.2 Umweltschutz

### Prinzipien des Umweltschutzes

-→ **Vorsorgeprinzip:** Abfallvermeidung vor Abfallbeseitigung
-→ **Verursacherprinzip:** Verursacher/-in der Umweltbelastung haftet für die entstehenden Kosten
-→ **Gemeinlastprinzip:** Verursacher/-in der Umweltbelastung nicht
ermittelbar ⇒ dieAllgemeinheit haftet
-→ **Zukunftsprinzip:** Erschließung umweltverträglicher Wachs-
tumsmöglichkeiten

### Kreislaufwirtschafts- und Abfallgesetz

-→ **Zweck des Gesetzes** (§ 1): Förderung der Kreislaufwirtschaft
zur Schonung der natürlichen Ressourcen und Sicherung der
umweltverträglichen Beseitigung von Abfällen
-→ **Geltungsbereich** (§ 2): Vermeidung, Verwertung und Beseiti-
gung von Abfällen
-→ **Grundsätze der Kreislaufwirtschaft** (§ 6 ff.): Vermeidung von
Abfällen geht vor Verwertung, Verwertung von Abfällen geht vor
Beseitigung
-→ **Ziel:** „Kreislaufwirtschaft", d. h. „Wiederverwertungsgesell-
schaft" statt „Wegwerfgesellschaft"

### Recycling

▶ Unter Recycling versteht man eine möglichst lückenlose
Rückführung von Materialien, Produkten und Abfällen als
Güter oder Wertstoffe in den Produktions- und Verbrauchs-
prozess mit möglichst geringer Umweltbelastung.

## Formen:
--> **Wiederverwendung** (z. B. Pfandflaschen)
--> **Wiederverwertung**, d. h. Auflösung des Materials und Herstellung des gleichen Produkts (z. B. werden aus dem zerbrochenen Glas in den Glascontainern wieder neue Flaschen hergestellt)
--> **Weiterverwertung**, d. h. Auflösung des Materials und Herstellung eines anderen Produkts (z. B. werden aus dem Gummi von Altreifen Schuhsohlen produziert)

## Rationelle Energieverwendung
--> Erneuerung und richtige Anpassung der Licht-, Kraft- und Heizungsanlagen an den täglichen Bedarf
--> energiesparende Baumaßnahmen (z. B. Wärmedämmung an Gebäuden)
--> Energiepreise als Mittel zur Förderung des Energiesparwillens (z. B. „Öko-Steuer")
--> langfristige, grundlegende Umstrukturierung der Energieverbrauchsgeräte und -anlagen (z. B. Umstellung der Heizungen von Öl auf Strom aus alternativen Energiequellen, z. B. aus gebündeltem Sonnenlicht, das ohne Verluste in einem Wasserstoff-Energie-Speicher gespeichert wird, oder Energie aus Biomasse u. Ä.)
--> Installation von Ersatz- und Ergänzungsenergieverbrauchsgeräten (z. B. Solarzellen, Wärmepumpen, Windkraftanlagen), um den Verbrauch des natürlichen Rohstoffs so weit wie möglich zu senken
--> Entwicklung von sicheren, preiswerten und umweltfreundlichen Ersatzenergieträgern

## Umwelt-Controlling
Alle relevanten Informationen zur ökologischen Situation eines Unternehmens werden gesammelt. Hieraus werden Verbesserungen abgeleitet, die dem Umweltschutz dienen und die Akzeptanz des Unternehmens in der Öffentlichkeit erhöhen. Weiterhin soll das ökonomische Risiko wirtschaftlicher Sanktionen (Ordnungsgelder, Stilllegungsverfügungen) im Zusammenhang mit der Nichtbeachtung des geltenden Umweltrechts minimiert werden.

## Öko-Audit
Mit dem Öko-Audit als Bestandteil einer Qualitätsmanagement-Zertifizierung wird festgestellt, ob das Managementsystem alle ökologischen Gefahrenquellen berücksichtigt, die notwendigen

Anweisungen dokumentiert hat und die entsprechenden Umwelt-
vorschriften in allen betroffenen Bereichen eingehalten werden.

## Qualitatives statt quantitatives Wachstum

Durch qualitatives statt auf Verschwendung und Überfluss ausge-
richtetes quantitatives Wachstum werden die Wachstumsgrenzen
verändert. Neue, innovative, rohstoff- und energiesparendere Produkte und Verfahren lösen zunehmend minderwertige, umwelt-
belastende, nicht reparaturfähige Güter ab, weil die Verbraucher
immer umweltbewusster kaufen.

# B

# KAUFMÄNNISCHE HANDELSTÄTIGKEIT

**Kapitel 1**
Arbeitsmethoden

**Kapitel 2**
Warensortiment

**Kapitel 7**
Kundenservice

Kaufmännische
Handelstätigkeit

**Kapitel 3**
Beratung und Verkauf

**Kapitel 6**
Onlinehandel

**Kapitel 4**
Servicebereich Kasse

**Kapitel 5**
Einflussfaktoren auf die
Warenpräsentation

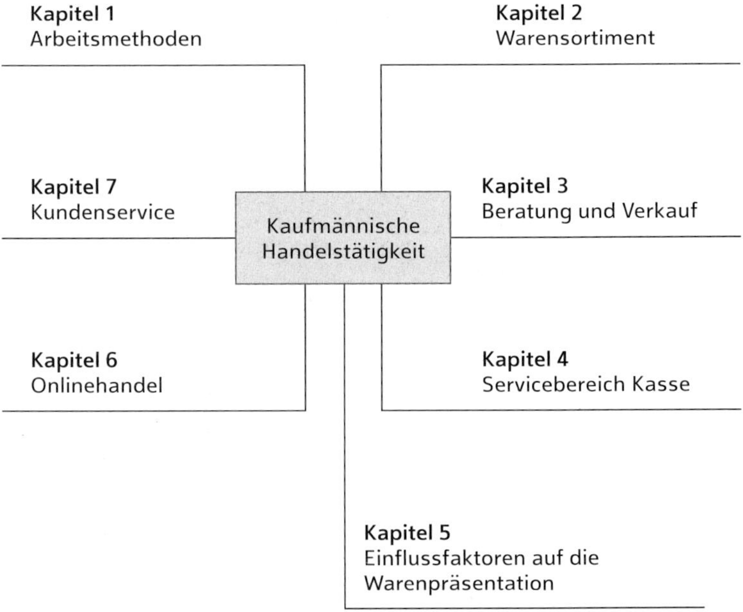

# 1    Arbeitsmethoden

## 1.1    Informationen beschaffen und auswerten

Für ein erfolgreiches Bestehen in der heutigen Berufswelt ist es wichtig, sich Informationen zu beschaffen und diese sinnvoll auswerten zu können. Beschäftigte im Einzelhandel benötigen z. B. für erfolgreiche Verkaufsgespräche umfangreiche Warenkenntnisse. Diese sind für eine überzeugende Argumentation notwendig, unterstützen die Warenpräsentation und ermöglichen eine problemorientierte Fachberatung der Kunden.

### Informationen beschaffen

| Unternehmensinterne Informationsquellen | Unternehmensexterne Informationsquellen |
|---|---|
| → Lieferantendatei (Produkte, Dienstleistungen)<br>→ Kundendatei (Privatkunden, Firmenkunden)<br>→ Artikeldatei (genaue Daten einzelner Produkte)<br>→ Verkaufsstatistik (z. B. Daten über die Umsätze der einzelnen Waren und Warengruppen)<br>→ Auswertung von Kundengesprächen | → Produktinformationen der Hersteller<br>→ Fachzeitschriften und Fachbücher<br>→ Beobachtung und Analyse der Konkurrenz<br>→ Internet<br>→ Messen und Ausstellungen (z. B. Consumenta in Nürnberg)<br>→ Behörden (z. B. Bundeswirtschaftsministerium)<br>→ Kammern (z. B. Industrie- und Handelskammer)<br>→ Verbände (Arbeitgeberverbände, Gewerkschaften)<br>→ statistische Ämter (z. B. Statistisches Bundesamt)<br>→ unabhängige Institute (z. B. Gesellschaft für Konsumforschung GfK in Nürnberg)<br>→ Universitäten und Fachhochschulen |

### Recherchieren im Internet

→ Das Internet ist ein weltweites Kommunikations- und Informationsnetz.

‑‑> Es ermöglicht die Datenkommunikation zwischen Einzelhändlern und anderen Wirtschaftsteilnehmern.

‑‑> Es kann multimediale Dokumente (Texte, Grafiken, Bilder, Klangfolgen) übertragen.

‑‑> Webdokumente können mittels eines **Webbrowsers** (z. B. Internet Explorer, Google Chrome u. a.) aufgerufen und geöffnet werden.

‑‑> Internetdokumente werden in der Sprache **HTML** erstellt.

‑‑> Für den Internetzugang wird ein **Provider** (z. B. 1&1, T-Online u. a.) benötigt.

‑‑> wichtige Internetdienste:
  - World Wide Web (WWW)
  - E-Mail
  - Newsgroups
  - Chat

Eine Vielzahl von **Suchmaschinen** (z.B. Google, Ecosia, Yahoo, Bing etc.) hilft dem Anwender, in den riesigen Informationsbeständen des Internets die benötigen Informationen zu finden.

## Nutzung einer Suchmaschine:

1. Eingabe des Suchbegriffs bzw. der Suchkriterien in das vorgesehene Texteingabefeld (ggf. auch Kombination mehrerer Begriffe oder Formulierung einer konkreten Frage)
2. Optionen angeben bzw. „erweiterte Suche" nutzen (z. B. nur deutschsprachige Seiten suchen; nur Seiten, die im letzten Monat aktualisiert wurden etc.)
3. Suche absenden
4. Informationen auswählen

## Social Media

‑‑> Medien (Plattformen), die die Nutzer/-innen über digitale Kanäle in der gegenseitigen Kommunikation und im interaktiven Austausch von Informationen unterstützen.

‑‑> Varianten: Blogs und Foren zu spezifischen Themen, Mobile Apps (z. B. interaktive Game-Apps), Social Networks (z. B. Facebook, Instagram), Wikis (z. B. Wikipedia), Podcasts

‑‑> Schwerpunkte der Funktion: Kommunikation (z.B. WhatsApp) bzw. Bereitstellung und Austausch von Inhalten (user-generated content, wie z. B. in themenspezifischen Blogs, Erklärvideos auf YouTube)

## Intranet

--> ist ein geschlossenes Netzwerk innerhalb einer Organisation
--> kann sich in einem lokalen Netzwerk ohne Internetanbindung befinden,
--> kann auch als geschlossenes Netzwerk im Internet genutzt werden
--> Zugang nur für einen bestimmten Kreis von Nutzern mit Zugangsberechtigung
--> dient insbesondere der unternehmensinternen Kommunikation

## Informationen verarbeiten

Wie können aus einem Sachtext die wichtigsten Informationen herausgearbeitet werden?

| Das Wichtigste unterstreichen (Kernbegriffe, Wortgruppen, Sätze) | Den Inhalt möglichst knapp herausschreiben (exzerpieren) Exzerpt |
|---|---|
| Zweck: | Verfahren: |
| --> intensiveres Lesen des Textes | --> Text lesen und markieren |
| --> besseres Verständnis | --> sinnvolle Abschnitte bilden |
| --> Hervorheben der wichtigsten Inhalte beschleunigt das Erfassen des Inhalts | --> Sätze mit den Kernaussagen des Abschnittes formulieren |

## Markierungsregeln nach Klippert:

1. Arbeitsmittel bereitlegen
2. Text grob überlesen
3. wichtige Stellen zunächst mit Bleistift unterstreichen
4. Schlüsselbegriffe herausfinden und mit gelbem Textmarker markieren
5. Nebeninformationen mit dünnem, rotem Stift markieren
6. Schlüsselbegriffe geordnet auf gesonderten Zettel schreiben und überprüfen, ob damit die wichtigsten Informationen abgerufen werden können

# 1.2 Kommunikation

Die menschliche Kommunikation ist sehr vielschichtig und komplex. Oftmals resultieren Kommunikationsstörungen daraus, dass die

Kommunikationspartner aneinander vorbeireden, d.h. auf unterschiedlichen Kommunikationsebenen miteinander kommunizieren. Die Lösung dieser Kommunikationsstörungen kann dadurch gelingen, dass man sich die unterschiedlichen Aspekte der kommunizierten Botschaft bewusst macht. Als Modell der Kommunikationsdiagnose kann das Modell von Schulz von Thun dienen.

## Kommunikationsmodell nach Schulz von Thun ("Die vier Seiten einer Nachricht")

Sachinhalt

Sender ⋯▶ Selbstoffenbarung — Nachricht — Appell ⋯▶ Empfänger

Beziehung

- ⇾ Sachinhalt: Wie ist der Sachinhalt zu verstehen?
- ⇾ Selbstoffenbarung: Was ist das für einer? Was ist mit ihm?
- ⇾ Beziehung: Wie redet der mit mir? Was hält er von mir?
- ⇾ Appell: Was erwartet er von mir? Was soll ich seiner Meinung nach tun, denken, fühlen?

### Beispiel:
*Chefin: „Finden Sie nicht, dass Sie Defizite im Umgang mit der Kasse haben?"*

*Sachinhalt: „Sie haben Defizite im Umgang mit der Kasse."*
*Selbstoffenbarung: „Ich bin enttäuscht von Ihren Fähigkeiten."*
*Beziehung: „Ich halte Sie für einen unfähigen Auszubildenden."*
*Appell: „Tun Sie etwas gegen Ihre Defizite im Umgang mit der Kasse!"*

Welchen der vier Aspekte Empfänger nun auswählen, um darauf zu reagieren, ist ihre freie Wahl. Durch die Reaktion auf einen Aspekt, den der Sender gar nicht kommunizieren wollte, können Konflikte entstehen. Für das obige Beispiel könnte das heißen: Die Chefin will an den Auszubildenden appellieren, der Auszubildende hört aber vor allem den Beziehungsaspekt und reagiert beleidigt. Dies interpretiert wiederum die Chefin als Weigerung, ihren Appell ernst zu nehmen.

### Feedback-Regeln
Gelungene Kommunikation lebt davon, dass sich die Kommunikationspartner auch hin und wieder ein offenes Feedback geben können. Beim Geben und Empfangen von Feedback sind allerdings eine Reihe von Regeln zu beachten.

| Feedbacknehmer | Feedbackgeber |
|---|---|
| Vorgehensweise: | Vorgehensweise: |
| 1. Hören Sie aufmerksam zu und unterbrechen Sie den Feedbackgeber nicht. | 1. Vergewissern Sie sich, ob Ihr Gegenüber für ein Feedback bereit ist. |
| 2. Verteidigen und rechtfertigen Sie sich nicht, sondern lassen Sie das Feedback auf sich wirken. | 2. Beschreiben Sie Ihre subjektiven Wahrnehmungen konkret, nachvollziehbar und ohne Wertung als Ich-Botschaften. |
| 3. Machen Sie sich – auch als Zeichen der Wertschätzung für den Feedbackgeber – Notizen, wenn das Feedback etwas ausführlicher ist. | 3. Äußern Sie auch Ihre Gefühle. |
| 4. Fragen Sie nach, wenn Sie etwas nicht verstehen. | 4. Äußern Sie höflich und klar, kurz und bündig Ihre Wünsche für das Verhalten des Feedbacknehmers. |
| Wichtig: | Wichtig: |
| → Prüfen Sie, ob Sie für ein Feedback bereit sind.<br>→ Nutzen Sie die Chance zu erfahren, wie Sie auf andere wirken.<br>→ Seien Sie dankbar für ein Feedback. Sehen Sie es als Möglichkeit, sich selbst weiterzuentwickeln. | → Geben Sie nur ein Feedback, wenn Ihr Gegenüber auch dazu bereit ist.<br>→ Schauen Sie Ihrem Gegenüber beim Geben des Feedbacks in die Augen.<br>→ Verletzen Sie niemals das Selbstwertgefühl des Feedbacknehmers. |

## 1.3 Teamarbeit

Regeln für die erfolgreiche Teamarbeit:

→ Die Ziele der Teamarbeit und die Vorgehensweise werden gemeinsam festgelegt.
→ Die zu bewältigenden Aufgaben werden fair auf alle Gruppenmitglieder verteilt.
→ Jedes Teammitglied bringt sich aktiv und konstruktiv in die Teamarbeit ein.
→ Alle Teammitglieder werden laufend über den Stand der Arbeit informiert.

→ Jedes Teammitglied hält sich an getroffene Absprachen.
→ Jedes Teammitglied übernimmt Verantwortung für das Erreichen des Gruppenergebnisses.
→ Jedes Teammitglied bringt seine Meinung offen ein und akzeptiert die Meinung der anderen Teammitglieder. Weichen die Meinungen voneinander ab, versuchen alle Teammitglieder einen gemeinsamen Kompromiss zu finden.
→ Konstruktive Kritik ist erwünscht, wird sachlich geäußert, ohne einzelne Teammitglieder persönlich anzugreifen oder deren Selbstwertgefühl zu verletzen.
→ Treten im Team Spannungen auf, hat die Auflösung des Konflikts Vorrang vor der zu bewerkstelligenden Arbeit (siehe Kapitel B 1.4 Konfliktmanagement).

## 1.4 Konfliktmanagement

**Ablauf des Konfliktmanagements**

Konfliktursachen klären

↓

Konfliktparteien benennen

↓

Maßnahmen zur Konfliktbehandlung ergreifen

### Konfliktursachen

→ Kommunikationsprobleme (siehe Kapitel B 1.2 Kommunikation)
→ Hierarchiekonflikte (z. B. Machtkämpfe zwischen Mitarbeitern)
→ Verteilungskonflikte (z. B. Konflikt um Verteilung von Ressourcen)
→ Kooperations- und Koordinationskonflikte (z. B. Anweisungen unterschiedlicher Führungskräfte widersprechen sich)
→ persönliche und soziale Konflikte (z. B. Rollenkonflikt eines neuen Vorgesetzten mit seinen ehemaligen Kollegen)
→ Wertekonflikte (z. B. Kollegen haben unterschiedliche Vorstellungen von Ordnung am Arbeitsplatz)

### Konfliktparteien

Konfliktparteien können einzelne Personen, Personengruppen (z. B. ein Projektteam), Abteilungen oder das Unternehmen als Ganzes sein.

## Maßnahmen zur Konfliktprävention

-→ Beachtung der Regeln der Teamarbeit (s. o.)
-→ klare Einhaltung von gemeinsam getroffenen Vereinbarungen
-→ Kompromissbereitschaft trainieren und praktizieren
-→ potenzielle Konfliktursachen bei Personalauswahl und Team-
   zusammenstellungen berücksichtigen

## Maßnahmen zur Konfliktbehandlung
## (Konfliktlösungsstrategien)

Eine Strategie ist das Führen von Konfliktgesprächen mit dem Ziel,
Einsichten zu vermitteln und eine Verhaltensänderung der Konfliktparteien zu erreichen.

1. Schritt: Wahrnehmung des Konflikts durch möglichst genaue
   Definition der Streitpunkte
2. Schritt: gemeinsame Identifikation der Problemursachen
3. Schritt: gemeinsame Diskussion von Lösungsmöglichkeiten
4. Schritt: zeitlich und inhaltlich konkrete Festlegung von Zielen
   und Maßnahmen zur Konfliktlösung als Ergebnis eines gemeinsamen Kompromisses der Konfliktparteien

Im Fall von schwerwiegenden Konflikten empfiehlt es sich, einen neu-
tralen, evtl. sogar unternehmensexternen Moderator einzuschalten.

# 1.5    Kreativitäts- und Bewertungstechniken

## Kreativitätstechniken

Die im Folgenden dargestellten Kreativitätstechniken legen ihren
Schwerpunkt auf unterschiedliche Facetten der Kreativität. Während es bei manchen Methoden im Vordergrund steht, neue Ideen
zu entwickeln (z. B. Brainstorming, Brainwriting, Methode 635),
geht es bei anderen vor allem darum, Ideen zu ordnen und eine

Struktur zu schaffen (z. B. Mindmapping, Concept-Mapping, morphologischer Kasten).

## Brainstorming

→ optimale Gruppengröße: fünf bis sieben Personen
→ Moderator/-in bestimmen, der die Ideen schriftlich festhält
→ keine Kritik!
→ Quantität vor Qualität: möglichst viele Ideen sammeln. Es gibt weder abwegige noch unwichtige Ideen!
→ Teilnehmende inspirieren sich gegenseitig und spinnen fremde Ideen weiter.

## Brainwriting

→ Brainstorming in schriftlicher Form
→ Ideen werden nicht in den Raum gerufen, sondern von den Teilnehmenden schriftlich festgehalten (z. B. schreiben alle gemeinsam auf ein DIN-A3-Blatt).
→ Vorteil: Zurückhaltende Personen können sich besser einbringen.

## Methode 635

→ Variante des Brainwriting
→ sechs Teilnehmende, drei Ideen, fünf Minuten (→ 635)
→ Nach 5 Minuten werden Ideenblätter im Uhrzeigersinn weiter gegeben → Teilnehmende lesen jeweils neue Ideen und inspirieren sich so gegenseitig.
→ bei konsequenter Umsetzung 108 Ideen in 30 Minuten

## Mindmapping

Eine Mindmap (= Gedächtnislandkarte) dient dem Erschließen und Visualisieren eines Themengebietes. Mithilfe dieser Kreativitätstechnik können die Gedanken geordnet und eine thematische Übersicht erstellt werden. Da die Mindmap von innen nach außen entwickelt wird und eine feste Reihenfolge fehlt, können die Assoziationen frei fließen, die Gedanken können sich also frei entfalten. Ziel ist es u. a., beide Hirnhälften zu aktivieren. Die Mindmap kann daher nicht nur Text, sondern auch Grafiken, Symbole und Bilder enthalten.

## *Beispiel für eine Mindmap*

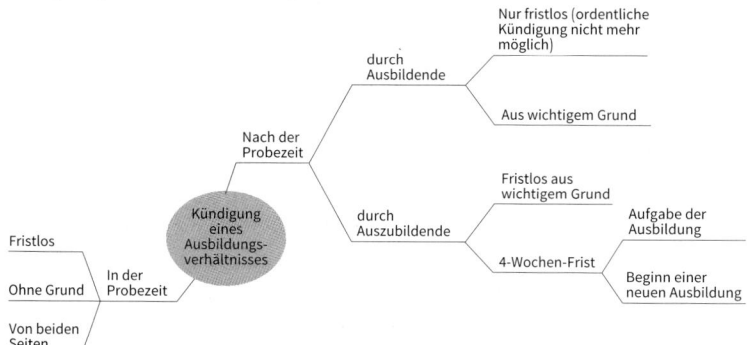

## Concept-Mapping

Wissen wird beim Concept-Mapping als ein vernetztes System eng zusammenhängender Begriffe gesehen. Concept-Mapping dient weniger als Instrument zum Produzieren von Ideen, sondern vor allem als Hilfe zum übersichtlichen Zusammenfassen von komplexen Sachverhalten bzw. zum Strukturieren von Begriffen. Ein wesentlicher Unterschied zum Mindmapping ist die zusätzliche Möglichkeit, die Pfeilverbindungen unterschiedlich zu definieren (z. B. „besteht aus", „unterteilt sich in" u. Ä.).

## *Beispiel für eine Concept-Map*

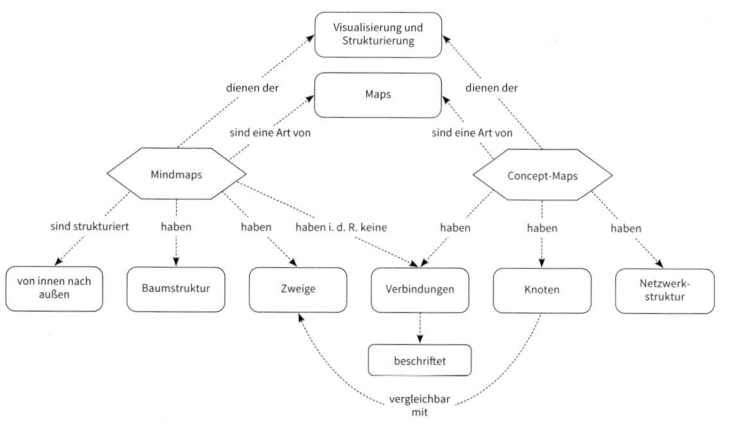

## Morphologischer Kasten

→ Für eine Fragestellung werden die bestimmenden Merkmale (= Attribute, Faktoren, Parameter, Dimensionen) festgelegt und untereinander geschrieben.

→ Die Merkmale sollen voneinander unabhängig und im Hinblick auf die Aufgabenstellung auch umsetzbar sein.

→ Zu jedem Merkmal werden alle möglichen Ausprägungen des jeweiligen Merkmals rechts daneben geschrieben. Der Fantasie sind hier keine Grenzen gesetzt.

→ Am Ende liegt eine Matrix vor, in der jede Kombination von Ausprägungen aller Merkmale eine theoretisch mögliche Lösung ist.

**Beispiel: *morphologischer Kasten für das Verfassen eines Kriminalromans***

| ↓ Parameter | Ausprägungen → | | | | | |
|---|---|---|---|---|---|---|
| Titelheldin | Journalistin | Kommissarin | Sportlerin | Studentin | Rentnerin | usw. |
| Ermordeter | Ehemann | Prostituierte | Professor | Pfarrer | Landrat | usw. |
| Todesursache | erschossen | erstochen | Sturz | erwürgt | Gift | usw. |
| Ort der Handlung | Bahnhof | Schule | Golfplatz | Büro | Hörsaal | usw. |
| Mörder | Gärtner | Geliebter | Profikiller | Erbe | Kollegin | usw. |
| Motiv | Geldgier | Eifersucht | Notwehr | Neid | Versehen | usw. |
| Aufklärung durch | weiterer Mordversuch | Spuren am Tatort | geheimer Brief | Zeuge | falsches Alibi | usw. |

## Bewertungstechniken

Während es bei den Kreativitätstechniken in erster Linie darum geht, möglichst viele Ideen zu entwickeln und zu strukturieren, muss im Anschluss an diese Phase eine Auswahl von Ideen stattfinden, die ernsthaft weiterverfolgt werden. Eine einfache Punktbewertung ist zwar möglich, wird jedoch der Komplexität der Entscheidung oftmals nicht gerecht.

Als eine Möglichkeit eines sehr differenzierten Bewertungsverfahrens hat sich die Nutzwertanalyse etabliert.

## Nutzwertanalyse

Eine Nutzwertanalyse (auch Punktwertverfahren oder Scoring-Modell) bietet sich an, wenn „weiche" – also in Geldwert oder Zahlen nicht darstellbare – Entscheidungskriterien vorliegen, anhand derer zwischen verschiedenen Alternativen eine Entscheidung gefällt werden muss. Die Nutzwertanalyse dient dazu, Argumente zu quantifizieren und dadurch eine fundierte Entscheidungsfindung zu ermöglichen. Darüber hinaus wird der Entscheidungsprozess durch die Nutzwertanalyse transparent, sodass auch im Nachhinein nachvollziehbar ist, warum eine Entscheidung in die eine oder andere Richtung getroffen wurde.

Die unten stehenden Beispiele stellen die Entscheidungssituation eines Bewerbers bei drei vorliegenden Angeboten dar. Für jedes Entscheidungskriterium können 0–10 Punkte vergeben werden. Die Alternative mit dem höchsten Punktwert erhält den Zuschlag.

### Beispiel einer Nutzwertanalyse ohne Gewichtung der Entscheidungskriterien

| Alternativen → ↓ Kriterien | Blau GmbH Punkte | Grün KG Punkte | Rot AG Punkte |
|---|---|---|---|
| Spaß an der Arbeit | 4 | 9 | 4 |
| Gehalt | 9 | 2 | 8 |
| Aufstiegschancen | 8 | 3 | 6 |
| Gestaltungsspiel-raum | 6 | 8 | 6 |
| Summe | 27 | 22 | 24 |

### Beispiel einer Nutzwertanalyse mit unterschiedlicher Gewichtung der Entscheidungskriterien

| Alternativen → ↓ Kriterien | Blau GmbH Punkte | Grün KG Punkte | Rot AG Punkte |
|---|---|---|---|
| Spaß an der Arbeit Gewichtung: 40 % | 1,6 (= 4 · 40 %) | 3,6 (= 9 · 40 %) | 1,6 (= 4 · 40 %) |
| Gehalt Gewichtung: 10 % | 0,9 (= 9 · 10 %) | 0,2 (= 2 · 10 %) | 0,8 (= 8 · 10 %) |
| Aufstiegschancen Gewichtung: 20 % | 1,6 (= 8 · 20 %) | 0,6 (= 3 · 20 %) | 1,2 (= 6 · 20 %) |
| Gestaltungsspiel-raum Gewichtung: 30 % | 1,8 (= 6 · 30 %) | 2,4 (= 8 · 30 %) | 1,8 (= 6 · 30 %) |
| Summe (100 %) | 5,9 | 6,8 | 5,4 |

# 2  Warensortiment

## 2.1  Sortimentsgestaltung

▶ Das Sortiment ist die Gesamtheit aller Waren und Dienstleistungen, die ein Einzelhändler anbietet.

Ein an den Bedürfnissen der Kunden orientiertes Sortiment ist für den Erfolg eines Einzelhandelsgeschäftes von entscheidender Bedeutung.

### 2.1.1  Sortimentsaufbau

| Sortimentspyramide | Erläuterungen | Beispiele |
|---|---|---|
| Fach-bereich | Branche | Lebensmittel |
| Waren-gruppe | verschiedene Warenarten mit ähnlicher Verwendung | Konserven |
| Warenart | Artikel mit ähnlicher Verwendung oder Zusammensetzung | Gemüsekonserven |
| Artikel | bestimmte Artikel einer Warengruppe | Erbsen |
| Sorte | spezielles Produkt nach Marke, Größe, Farbe, Gewicht ... | Erbsen, sehr fein, 500 g |

### 2.1.2  Sortimentsumfang

| Bezeich-nungen | Erklärungen | Beispiele |
|---|---|---|
| **Sortimentsbreite** | | |
| → breites Sortiment | viele Warengruppen | *Warenhaus* |

| Bezeich-nungen | Erklärungen | Beispiele |
|---|---|---|
| ⇢ schmales Sortiment | Beschränkung auf eine oder wenige Warengruppen | *Lebensmittelfach-geschäft* |
| **Sortimentstiefe** | | |
| ⇢ tiefes Sortiment | große Auswahl an Artikeln innerhalb einer Warengruppe | *„Wurstecke" mit 50 verschiedenen Wurstsorten* |
| ⇢ flaches Sortiment | geringe Auswahl an Artikeln innerhalb einer Warengruppe | *Schreibwarensortiment im Supermarkt* |

## 2.1.3   Sortimentsstruktur

| Bezeich-nungen | Erklärungen | Beispiele |
|---|---|---|
| ⇢ Kern-sortiment | typische Artikel für den Hauptumsatz, welche das ganze Jahr über angeboten werden | *Lebensmittel im Supermarkt* |
| ⇢ Rand-sortiment | Ergänzung des Kernsortiments mit branchenfremden Waren | *Bücher im Supermarkt* |
| ⇢ Saison-sortiment | Artikel werden nur zu bestimmten Zeiten angeboten | *Schokoladeosterhasen, Schultüten* |
| ⇢ Auslauf-sortiment | Restbestände, die nicht weiter angeboten werden | *Auslaufmodelle* |
| ⇢ Probe-sortiment | neue Artikel, die in ein bestehendes Sortiment zur Probe eingeführt werden | *Feinkost in einem Supermarkt* |

## 2.1.4   Sortimentsveränderungen

Im Einzelhandel ist die Orientierung an den Bedürfnissen der Kunden das wesentlichste Ziel der Sortimentsplanung. Dabei spielen folgende Einflussfaktoren für die Sortimentsbildung und die Veränderung bestehender Sortimente eine Rolle:

--> Merkmale der Zielgruppe wie Einkommen, Markenbewusstsein, Serviceorientierung, Qualitätsansprüche
--> günstige Bezugsquellen
--> Konkurrenzsituation
--> Kapital des Einzelhandelsunternehmens
--> verfügbare Lager- und Verkaufsflächen

**Maßnahmen der Sortimentsgestaltung sind:**

| | |
|---|---|
| **Sortiments-erweiterung** | Aufnahme neuer Produkte, die das bestehende Sortiment erweitern bzw. vertiefen |
| | **Diversifikation** ist eine Sortimentserweiterung um gänzlich neue Warengruppen, mit dem Ziel, neue Märkte zu erschließen. |
| **Sortiments-variation** | Es erfolgt ein Austausch bestimmter Waren, Warenarten oder Warengruppen. Dies kann durch folgende Maßnahmen erfolgen: |
| | **Trading up:** |
| | Das bestehende Sortiment wird qualitativ angehoben, z. B. durch Aufnahme von Markenartikeln. |
| | **Trading down:** |
| | Das Qualitätsniveau des bestehenden Sortiments wird qualitativ gesenkt, z. B. durch die Aufnahme von No-Name-Produkten. |
| **Sortiments-bereinigung** | Unrentable Waren oder Warengruppen werden aus dem Sortiment entfernt. |

## 2.2 Bedeutung von Warenkenntnissen beim Verkauf

Fundierte Kenntnisse der Wareneigenschaften und der Ver- und Anwendungsmöglichkeiten von Waren sind unumgänglich bei der Warenbeschaffung, Warenlagerung und Warenpflege. Sie liefern dem Verkaufspersonal passende Verkaufsargumente, zeigen Möglichkeiten einer wirkungsvollen Warenpräsentation und schaffen bei den Kunden Vertrauen.

## 2.3   Quellen für Produktinformationen

| Betriebliche Informationsquellen | Außerbetriebliche Informationsquellen |
|---|---|
| ⇢ Warenerprobung durch den Verkäufer<br>⇢ Warenkennzeichnung<br>⇢ Ausbildende und Kollegium<br>⇢ Kunden<br>⇢ Herstellerinformationen/ Gebrauchsanweisungen<br>⇢ innerbetriebliche Produkt- schulungen | ⇢ Fachliteratur und Warentests<br>⇢ Messen und Ausstellungen<br>⇢ überbetriebliche Seminare und Schulungen<br>⇢ Beobachtung der Konkurrenz<br>⇢ Internet |

## 2.4   Verkaufsformen im Einzelhandel

Die Verkaufs- oder Bedienformen hängen wesentlich von der Warenart, der Betriebsform, den Kundenbedürfnissen und dem Standort des Einzelhandelsgeschäftes ab.

| Verkaufs- form | Merkmale |
|---|---|
| Selbst- bedienung | Die Ware ist für die Kunden frei zugänglich. Sie wählen die Ware selbstständig aus. Es erfolgt keine Beratung. Tätigkeiten des Verkaufspersonals sind insbesondere Warenauszeichnung, Warenanordnung und das Kassieren. |
| Vorwahl | Die Kunden haben freien Zugang zur Ware und können sich selbstständig über das Warenangebot informieren. Auf Wunsch erfolgt eine Beratung durch das Verkaufspersonal. |
| Voll- bedienung | Die Verkäuferin oder der Verkäufer führt hier aktiv die Verkaufshandlung, fragt die Kunden nach ihren Wünschen, präsentiert eine Warenauswahl und berät die Kunden bei ihrer Kaufentscheidung. Bedienungsform bei hochwertigen und beratungsintensiven Waren. |

## 2.5 Warenkennzeichnungen

Waren- und Verpackungskennzeichnungen sind wichtige Informationsquellen für das Kundengespräch. Sie geben den Kunden Hinweise auf Qualität, Behandlung, Inhalte der Produkte und damit über deren Auswirkungen auf Gesundheit und Umwelt.

| Warenkennzeichnung | Erklärung | Beispiele |
|---|---|---|
| Gütezeichen | ist das geschützte gemeinschaftliche Zeichen verschiedener Hersteller gleichartiger Artikel | *Echt Leder, Edelstahl rostfrei, Wollsiegel-Qualität* |
| Marken-/ Warenzeichen | Sie kennzeichnen Artikel bestimmter Hersteller bzw. von Handelsunternehmen. Diese weisen auf gleich bleibende Qualität ihrer Produkte hin. | *VW-Logo, Mercedes-Stern, Pepsi-Cola* |
| Umweltzeichen | für die Verwendung umweltfreundlicher Herstellmethoden und Inhaltsstoffe oder bei energiearmem Verbrauch | *blauer Umweltengel, Grüner Punkt, Textiles Vertrauen, Bio-Siegel, Fairtrade-Siegel* |
| Schutz- und Prüfzeichen | für Waren, die gesetzlich festgelegten Sicherheitsbestimmungen entsprechen | *VDE-Zeichen, GS-Zeichen, CE-Zeichen* |

## 2.6 Herstellermarken und Handelsmarken

### Herstellermarken: Eigenmarken der Hersteller (Markenware)

⇢ hochwertiges Image/gutes Ansehen beim Kunden
⇢ eher im oberen Preissegment angesiedelt
   **Beispiele:** *Coca-Cola, Kinderschokolade, Milka, Pampers, Boss*

### Handelsmarken: Eigenmarken des Handels

⇢ stetig steigende Akzeptanz bei Kunden
⇢ im Vergleich zu den Händlermarken deutlich günstiger, trotz ähnlicher Qualität (teilweise sogar Imitate der Herstellermarken)
   **Beispiele:** *ja! (REWE), Tip (Real), Gut & Günstig (Edeka), Westbury (C & A), Babylove (dm)*

### Argumente für den Handel solche Handelsmarken zu führen:

- → Unabhängigkeit von Markenherstellern
- → Möglichkeit ein unverwechselbares Sortiment aufzubauen und das eigene Image zu profilieren
- → Instrument zur Kundenbindung an Einkaufsstandorte bzw. Handelsketten

# 3 Beratung und Verkauf

## 3.1 Kunden- und dienstleistungsorientiertes Verkaufen

### 3.1.1 Kundenorientierung als Leitbild des Einzelhandels

#### Gründe für ein kundenorientiertes Verhalten

- → Wandel vom Verkäufer- zum Käufermarkt
- → Wettbewerb im Einzelhandel wird immer härter
- → Neben dem Preis spielen besonders auch die angebotenen Service- und Dienstleistungen eine wichtige Rolle.
- → rascher Wandel der Kundenbedürfnisse und steigende Ansprüche der Verbraucher

#### Leitbild

- → Die wirtschaftliche Situation verlangt, dass sich Unternehmen, die am Markt bestehen wollen, konsequent an den Wünschen und Bedürfnissen ihrer Kunden orientieren.
- → Das Leitbild eines Einzelhandelsgeschäftes spiegelt seine Grundüberzeugungen wider.
- → Dies zeigt sich in einer konsequenten Kundenorientierung, im Erscheinungsbild des Unternehmens und im Verhalten gegenüber seinen Mitarbeitern und Lieferanten.

#### Kundenorientierung

Die kundenorientierte Grundhaltung beeinflusst alle Bereiche eines Einzelhandelsunternehmens. Beispiele sind:

- → Sortimentsgestaltung
- → Serviceleistungen
- → Preis- und Konditionenpolitik
- → Kommunikationspolitik
- → Abwicklung von Reklamationen

--> Verhalten des Verkaufspersonals

--> Ladeneinrichtung

### 3.1.2 Anforderungen an einen Verkäufer/eine Verkäuferin

Die Anforderungen an das Verkaufspersonal sind hoch. Gute Verkäuferinnen und Verkäufer verfügen nicht nur über hervorragende Warenkenntnisse. Sie sind insbesondere in der Lage, Verkaufsgespräche kundenorientiert zu führen und eine positive Beziehung zu den Kunden aufzubauen. Dadurch sind sie in der Lage, die Kunden zu beraten, ihnen Waren und Dienstleistungen zu verkaufen und ihnen einen positiven Eindruck vom Einzelhandelsunternehmen zu vermitteln.

Damit es zu keinen Störungen im Verkaufsprozess kommt, sollten die folgenden Faktoren den Rollenerwartungen der Kunden angepasst sein:

--> **Erscheinungsbild**
- ansprechende Kleidung
- Sauberkeit
- gepflegtes Äußeres

--> **Verhalten**
- Höflichkeit
- Wertschätzung
- Interesse
- Engagement
- Selbstbeherrschung
- Einfühlungsvermögen

--> **Körpersprache**
- Gesichtsausdruck und Mienenspiel beachten
- klarer, offener und aufmerksamer Blick zum Gegenüber
- Gesten sollen als körperliche Ausdrucksbewegungen das gesprochene Wort unterstreichen
- Körperhaltung offen und natürlich

--> **Sprache**
- Verständlichkeit – keine Begriffe, die Kunden nicht verstehen
- kurze und vollständige Sätze – keine Wort- und Satzfetzen
- deutlich sprechen – kein Flüstern oder Brüllen
- Betonung wichtiger Begriffe
- nicht zu schnell sprechen und auf Pausen achten

--> **Fachwissen**
- grundlegende Warenkenntnisse
- Beherrschung wesentlicher Verkaufstechniken
- Kenntnis wirtschaftlicher und rechtlicher Zusammenhänge

--> **Soft Skills**
- Menschenkenntnis
- gute Beobachtungsgabe
- Sinn für Geschmack
- Interesse an der Ware

## 3.2 Kommunikation mit dem Kunden

### 3.2.1 Kaufmotive

▶️ **Kaufmotive sind innere Beweggründe, Bedürfnisse, Bestrebungen, die Kunden zum Kauf von Waren oder Dienstleistungen veranlassen.**

**Bedeutung:** Nutzung für Verkaufsargumentation ⇨ Kunden kaufen nicht eine Ware, sondern stillen durch den Kauf ihre Bedürfnisse.

**Wichtig:** Mehrere Motive wirken zusammen, wobei meist ein Motiv dominant ist.

### Wichtige Kaufmotive im Einzelhandel

--> **eher verstandesmäßige Motive**
- Wirtschaftlichkeit
  **Beispiel:** *Kauf einer Waschmaschine mit geringem Verbrauch*

- Zeit- und Arbeitsersparnis
  **Beispiel:** *Kauf von Fertiggerichten*

- Sparsamkeit
  **Beispiel:** *Kauf eines möglichst günstigen Produkts*

- Umweltbewusstsein
  **Beispiel:** *Produkte aus ökologischer Landwirtschaft*

- Zweckmäßigkeit
  **Beispiel:** *vielseitig verwendbare Möbel, z. B. Schlafsofa*

--> **eher gefühlsmäßige Motive**
- Erlebnisdrang
  **Beispiel:** *Buchung einer Trekking-Tour im Himalaya*

- Prestige und Geltungsdrang
  **Beispiele:** *teure Kleidung, Luxusautos, Schmuck*

- Sicherheit/Geborgenheit
  **Beispiel:** *Kauf einer Alarmanlage für die eigene Wohnung*

- Gesundheit
  **Beispiel:** *Kauf von veganen Lebensmitteln*
- Wissen und Bildung
  **Beispiel:** *Kundeninteresse für Herkunft oder Herstellung eines Produktes*

## Kundengruppen

Menschen sind verschieden. Um individuelle Verkaufsgespräche führen zu können, sollte das Verkaufspersonal um die Besonderheiten verschiedener Kundengruppen wissen.

⇢ **Kundengruppen nach dem Geschlecht**

Für Männer und Frauen gelten auch in modernen Gesellschaften oft noch unterschiedliche Rollenerwartungen, die u. a. durch Weltanschauungen oder Erziehung geprägt sind. Solche Prägungen beeinflussen auch das Kaufverhalten der Geschlechter.

Unterschiede gibt es z. B. beim geschlechtsspezifischen Bedarf (Männer mehr im Bereich Technik, Frauen eher bei Kleidung, Kosmetika) oder bei unterschiedlichen Einkaufsvorstellungen.

⇢ **Das Alter der Kunden**

Auch das Alter beeinflusst die Konsumgewohnheiten von Menschen. Verkaufspersonal muss bei Kindern und Jugendlichen auch gesetzliche Vorschriften wie Geschäftsfähigkeit und Jugendschutz beachten. Im Einzelhandel können folgende Kundengruppen nach dem Alter unterschieden werden:

- **Kinder** sind die Kunden von morgen und sollten nicht übersehen werden. Auch Kinder wollten angesprochen und in der Reihenfolge bedient werden.
- **Jugendliche:** Sie kaufen gerne preisbewusst, achten aber auch auf aktuelle Waren und Markenprodukte.
- **Senioren:** Sie sind eine wachsende Zielgruppe, häufig mit hoher Kaufkraft. Sie suchen beim Einkauf oft ein persönliches Gespräch und benötigen oft Kleinpackungen.

⇢ **Kundengruppen nach der Geschäftstreue**

- **Stammkunden** kaufen regelmäßig in einem Geschäft ein. Ziel ist es, Stammkunden durch namentliche Ansprache, Erfüllung von Sonderwünschen, Kenntnis der Kundenwünsche etc. eng an das Geschäft zu binden.
- **Laufkunden** kaufen nur gelegentlich in einem bestimmten Geschäft. Einzelhändler sollten versuchen, Laufkunden zu Stammkunden zu machen.

→ **Ausländische Kunden**
- Sie werden mit der gleichen Aufmerksamkeit bedient wie alle Kunden.
- Aufgrund möglicher Sprachbarrieren oder durch andere Produktvorlieben wachsen die Anforderungen an das Verkaufspersonal.

→ **Kundentypen – Gruppenbildung nach Persönlichkeitsmerkmalen von Kunden**

Jeder Kunde und jede Kundin hat eine eigene Persönlichkeit, auf die sich Verkäufer/-innen einstellen sollten, indem sie ein angemessenes Verkäuferverhalten für die einzelnen Kundentypen entwickeln. Typologien versuchen, Kunden mit ähnlichen Verhaltensmustern zusammenzufassen. Beispiele für Kundentypen sind:

| Kundentypen | Angemessenes Verkäuferverhalten |
|---|---|
| der sichere Kunde | verträgt oft wenig Widerspruch; verlangt von einem beratenden Verkäufer hohe Sachkompetenz |
| der Arrogante | erwartet besonders zuvorkommendes Verhalten und intensive Beratung |
| der Gesprächige | Verkaufspersonal muss darauf achten, dass durch das Gespräch der Verkaufsvorgang nicht vergessen wird und für andere Kunden keine Wartezeiten entstehen. |
| der Sparsame | bei der Warenvorlage auf Sonderangebote und preisgünstige Ware hinweisen |
| der Unentschlossene | benötigt oft den Rat des Gegenübers. Eine eher kleine Warenauswahl und ein sicheres Auftreten des Verkäufers erhöhen die Chancen auf einen Verkaufsabschluss. |

→ **Konsumtypen – Gruppenbildung nach Einkaufsgewohnheiten von Kunden**

Für den Einzelhandel ist für Sortimentsgestaltung und Warenpräsentation von Bedeutung, welche Produkte Kunden bevorzugen. Ein Problem sind uneinheitliche Einkaufsgewohnheiten bei verschiedenen Warengruppen. Viele Männer sind beim Einkauf von Kleidung eher ungeduldig, nicht aber beim Kauf von Werkzeug.

Ein Beispiel für einen Konsumtypen ist „der Gesundheitsbewusste". Dieser Typ beurteilt Waren nach ihrer Auswirkung auf seine Gesundheit. Er achtet z. B. auf schädliche Inhaltsstoffe, Herkunft oder Herstellungsverfahren.

### 3.2.2 Aufbau von Verkaufsgesprächen

#### Bedeutung von Verkaufsgesprächen

In vielen Einzelhandelsgeschäften herrscht Vorwahl oder Selbstbedienung vor. Dennoch bleiben Verkaufsgespräche als persönliche Begegnung zwischen Verkäufer/-in und Kunden wesentlich für den Verkaufserfolg. Der Zweck von Verkaufsgesprächen ist ein erfolgreicher Verkaufsabschluss.

#### Aufbau eines Verkaufsgespräches

Zeitlich betrachtet bestehen Verkaufsgespräche aus mehreren Phasen. Diese lassen sich nicht immer klar voneinander abgrenzen, da der Ablauf von einer Vielzahl von Faktoren wie Kaufmotiv, Kundentyp, Warenart beeinflusst wird.

| Phasen eines Verkaufsgespräches | Wesentliche Inhalte der einzelnen Verkaufsphasen |
| --- | --- |
| Kontaktphase | Die Art der Kontaktaufnahme zu Kunden hängt stark von der vorherrschenden Verkaufsform ab. Eine aufmerksame und freundliche Begrüßung beeinflusst wesentlich das weitere Verkaufsgespräch. |
| | Kunden werden stets zuerst begrüßt, bekannte Kunden namentlich. Blickkontakt und zugewandte Körperhaltung sind wichtig. Auf Kundensignale (z. B. schaut sich suchend um) reagieren. Sie geben z. B. erste Hinweise auf den Kundentyp. |
| Bedarfs-ermittlung | Ziel dieser Phase ist es, den Kaufwunsch zu ermitteln. Man unterscheidet zwei Arten der Bedarfsermittlung: |
| | 1. direkte Bedarfsermittlung: Kunden durch gezielte (offene) Fragen dazu veranlassen, den Kaufwunsch zu äußern |
| | 2. indirekte Bedarfsermittlung: nachdem Kunden ihren Kaufwunsch geäußert haben, wird ihnen die entsprechende Ware vorgelegt. Die Vorlage geht dabei vom Allgemeinen zum Besonderen. |

| Phasen eines Verkaufsgespräches | Wesentliche Inhalte der einzelnen Verkaufsphasen |
|---|---|
| Warenvorlage/Beratung | Eine geeignete Warenvorlage verkürzt das Verkaufsgespräch und dient dazu, bei den Kunden Aufmerksamkeit und Interesse zu wecken. Eigenschaften und Verwendungsfähigkeit der Ware werden dargestellt. Zu beachten sind ferner: <br> --→ Ware gemäß dem Kaufwunsch der Kunden vorlegen <br> --→ Anzahl der vorgelegten Waren: drei bis fünf Artikel <br> --→ mittlere Preisklasse zuerst, wenn die Kunden keine Preisvorstellungen nennen <br> --→ möglichst viele Sinne der Kunden ansprechen <br> --→ Kundenreaktionen beachten <br> --→ angemessene Verkaufsargumentation: Warenmerkmale nennen, den Warenvorteil beschreiben, den Kundennutzen ableiten <br> --→ nicht mehr benötigte Ware wieder wegräumen |
| Beseitigung von Kaufwiderständen | Kundeneinwände gehören zum Verkaufsgespräch. Sie können sich gegen Ware, Preis, Verkäufer/-in oder Geschäft richten. Verkäufer/-innen sollten bei Kundeneinwänden ruhig und sachlich bleiben (siehe dazu auch Kapitel B 3.2.6 Verhalten bei Kundeneinwänden). |
| Kaufabschluss herbeiführen | In dieser Phase soll Kunden der Kaufabschluss erleichtert werden. Oft senden Kunden positive Kaufsignale aus, indem sie z. B. Zustimmung äußern. Manchmal benötigen Kunden noch Entscheidungshilfen: <br> --→ die Auswahl einengen und Kunden zwei positive Alternativen zur Wahl stellen <br> --→ die wesentlichen Kaufargumente noch einmal darstellen <br> --→ Kunden eine begründete Kaufempfehlung geben |

| Phasen eines Verkaufsgespräches | Wesentliche Inhalte der einzelnen Verkaufsphasen |
|---|---|
| Weiterführungsphase | → Kunden noch einmal eine Bestätigung für die Richtigkeit der Entscheidung geben |
| | → auf Serviceleistungen und Ergänzungsangebote des Geschäftes hinweisen |
| | → Anregungen zur Verwendung, Wartung oder Pflege geben |
| | → Ware kassieren und verpacken |
| | → Kunden verabschieden und sich für den Einkauf bedanken |

### 3.2.3  Sprachliche und nonverbale Kommunikationsformen

#### Bedeutung der Sprache

Für das Verkaufspersonal stellt die Sprache das wirksamste Verkaufsinstrument dar. Mit ihrer Hilfe kann es Kunden positiv beeinflussen, den Ablauf des Verkaufsgespräches steuern und einen Kaufabschluss herbeiführen.

#### Einflussfelder der Sprachwirkung

Will eine Verkäuferin oder ein Verkäufer durch die Sprache Verkaufserfolge herbeiführen, sollten die folgenden Einflussfelder beachtet werden:

#### Stimmführung

Die richtige Stimmführung beeinflusst unbewusst die Gefühle des Gegenübers.

| Elemente der Stimmführung | Darauf sollten Sie im Verkaufsgespräch achten: |
|---|---|
| Klangfarbe | Passen Sie den Klang an den Sprechinhalt an; warme, freundliche, teilnehmende, keine aufdringliche Sprache. |

| Elemente der Stimmführung | Darauf sollten Sie im Verkaufsgespräch achten: |
|---|---|
| Aussprache und Lautstärke | Sprechen Sie deutlich mit mittlerer Lautstärke und vermeiden Sie es zu brüllen oder zu flüstern. |
| Modulation | → Betonen Sie wichtige Begriffe; vermeiden Sie eine monotone Sprache, die die Kunden langweilt.<br>→ Sprechen Sie nicht zu schnell und achten Sie auf Pausen. |

## Wortschatz und Satzbau

→ Pflegen Sie einen umfangreichen Wortschatz. Dieser ermöglicht es dem Verkaufspersonal im Kundengespräch, den Wert der Ware zu veranschaulichen, und liefert die geeigneten Verkaufsargumente.

→ Vermeiden Sie Floskeln und Redensarten ohne Aussage.

→ Kurze Sätze erleichtern den Kunden das Verständnis.

→ Bilden Sie vollständige Sätze und vermeiden Sie Wort- und Satzfetzen.

## Nonverbaler Ausdruck

Die Körpersprache wirkt wie die Stimmführung auf die Gefühle der Kunden. Zur nonverbalen Kommunikation im Verkaufsgespräch gehören die folgenden Elemente:

| Bestandteile | Darauf sollten Sie im Verkaufsgespräch achten: |
|---|---|
| Mimik | → Achten Sie auf Ausdrucksbewegungen von Augen, Stirn, Nase und Mund.<br>→ Signalisieren Sie Offenheit durch ein freundliches Lächeln.<br>→ Halten Sie Blickkontakt mit den Kunden. |
| Gestik | → Verdeckte Hände in den Hosentaschen wirken eher negativ.<br>→ Achten Sie auf zeigende, öffnende Gesten.<br>→ Vor der Brust verschränkte Arme erscheinen oft als Abwehrhaltung. |

| Bestandteile | Darauf sollten Sie im Verkaufsgespräch achten: |
|---|---|
| Körper-haltung | → Eine offene Körperhaltung signalisiert Zuwendung, Offenheit, Interesse für den Gesprächspartner.<br>→ Signalisieren Sie Zustimmung durch Nicken. |
| Distanz | → Achten Sie auf das Distanzbedürfnis Ihrer Kunden.<br>→ Ein Abstand unter 50 cm gilt als vertraulich.<br>→ Bei einem Abstand von einem bis drei Meter fühlen wir uns bei Gesprächen mit Fremden wohler. |

### 3.2.4 Techniken der Gesprächsführung

Die Argumentation des Verkaufspersonals sollte grundsätzlich kundenorientiert sein. Den Kunden werden individuelle Problemlösungen angeboten, indem ihnen der persönliche Nutzen einer Ware aufgezeigt wird. Bestandteile einer kundenorientierten Sprache sind:

**Aktives Zuhören**

Aktives Zuhören deuten Kunden als Interesse und Zuwendung. Mitteilungen von Kunden über ihre Wünsche, Vorstellungen, Ansichten liefern nützliche Informationen für die Verkaufsargumente, die Warenvorlage oder die Behandlung von Kundeneinwänden.

Signale, die von Kunden positiv gedeutet werden, sind z. B.:

→ Verkäufer/-in nimmt sich Zeit für Kunden und beendet Nebentätigkeiten
→ Zuhörsignale wie Blickkontakt, zustimmendes Nicken, offene Körperhaltung
→ zustimmende Äußerungen und offene Fragen zur Bedarfsermittlung
→ Kunden mit Namen ansprechen
→ Gefühle der Kunden aufnehmen und wiedergeben
→ auf Argumente der Kunden eingehen
→ Kunden nicht unterbrechen, sondern ausreden lassen
→ Kunden beraten, nicht belehren oder überreden

**Sie-Stil**

Die Verwendung der Worte „Sie", „Ihr", „Ihre", „Ihnen" stellt einen Bezug zum Gegenüber her und fördert so die Wirksamkeit kundenbezogener Verkaufsargumente.

**Beispiele:**
*… damit können **Sie** …*
*… das erleichtert **Ihnen** …*
*… das bedeutet für **Sie** …*

## Vorteilsformulierungen

Das sind Formulierungen im Sie-Stil. Sie weisen durch die Verwendung eines Tätigkeitswortes die Kunden auf den individuellen Produktnutzen hin und stellen einen Erlebnisbezug her.

| Drei Schritte der Verkaufsargumentation | | |
|---|---|---|
| **Produktmerkmal** | **Produktvorteil** | **Produktnutzen und Erlebnisbezug** |
| Diese Jacke ist aus Goretex. | Die Jacke ist atmungsaktiv. | Sie werden sich in der Jacke sehr wohl fühlen. |

### 3.2.5 Fragetechniken

#### Bedeutung der Frage

Die richtige Fragetechnik ist für alle Phasen des Verkaufsgespräches wichtig. Sie ermöglicht dem Verkaufspersonal, die Richtung und den Verlauf des Verkaufsgespräches zu steuern, und dient der gezielten Förderung des Verkaufsabschlusses.

#### Arten von Fragen

| Offene Fragen | → werden in ganzen Sätzen beantwortet und liefern für das Verkaufsgespräch wichtige Informationen |
|---|---|
| | → beginnen häufig mit den Fragewörtern wer, wie, was, wann, warum (W-Fragen) |
| | **Beispiel:** *„Wie kann ich Ihnen helfen?"* |

| | |
|---|---|
| **Geschlossene Fragen** | → ermöglichen den Kunden nur wenige und kurze Antworten |
| | → sind geeignet, um das Verkaufsgespräch zu einem Abschluss zu bringen |
| | **Beispiel:** *„Soll ich es Ihnen als Geschenk einpacken?"* |
| **Suggestivfragen** | → dienen dem Verkaufspersonal zur gezielten Beeinflussung der Kunden |
| | → sollen den Verkaufsvorgang beschleunigen |
| | → haben in der Regel auch einen rhetorischen Charakter (d. h., das Gegenüber kann nur zustimmen) |
| | **Beispiel:** *„Da nehmen wir doch lieber die ordentliche Lösung statt so eines billigen Notbehelfs, oder?"* |
| **Alternativfragen** | → fordern Kunden auf, sich für eine von mehreren Möglichkeiten zu entscheiden |
| | → werden hauptsächlich eingesetzt, um einen Kaufabschluss herbeizuführen |
| | **Beispiel:** *„Wollen Sie ein Fahrrad mit Ketten- oder mit Nabenschaltung?"* |
| **Rhetorische Fragen** | → sind Fragen, auf die das Verkaufspersonal keine Antwort erwartet |
| | → sollen bei Kunden Interesse und Spannung hervorrufen |
| | **Beispiel:** *„Sie wollen doch sicher ein Notebook, das nicht schon in zwei Jahren wieder veraltet ist?"* |

## 3.2.6 Verhalten bei Kundeneinwänden

### Bedeutung von Kundeneinwänden

Kundeneinwände sind normale Bestandteile des Verkaufsgespräches. Sie sind Hinweise auf offene Fragen, Probleme, Bedenken und Widerstände der Kunden und liefern dem Verkaufspersonal somit wichtige Anhaltspunkte für die Argumentation im Verkaufsgespräch.

## Arten von Kundeneinwänden

Kundeneinwände können sowohl durch Worte als auch über die Körpersprache zum Ausdruck gebracht werden und richten sich gegen

⇝ das Unternehmen,
⇝ die Verkaufssituation,
⇝ das Verkaufspersonal,
⇝ die Ware,
⇝ den Preis.

## Verhalten bei Kundeneinwänden

### Grundsätzliche Verhaltensweisen zur Konfliktlösung

⇝ Bleiben Sie ruhig und gelassen.
⇝ Hören Sie aktiv zu und lassen das Gegenüber ausreden.
⇝ Betrachten Sie Kundeneinwände als Frage. Fragen werden beantwortet und nicht widerlegt.
⇝ Signalisieren Sie Verständnis für den Kundeneinwand.
⇝ Analysieren Sie die Ursachen für den Kundeneinwand.
⇝ Vermeiden Sie Rechthaberei und direkten Widerspruch.
⇝ Stimmen Sie dem Kunden so weit wie möglich zu.

### Ja-Aber-Methode

Die Verkäuferin oder der Verkäufer zeigt zunächst Verständnis und stimmt scheinbar dem Gegenüber zu. Anschließend wird versucht, den Einwand durch die geschickte Formulierung eines Vorteils zu entkräften.

### Umkehr-Methode (Bumerang-Methode)

Die Verkäuferin oder der Verkäufer wandelt den Einwand des Gegenübers in ein Verkaufsargument um, welches den Kundennutzen betont.

### Gegenfrage-Methode

Kunden werden durch eine Gegenfrage aufgefordert, Bedenken offen zu äußern und den Einwand zu präzisieren. Die Verkäuferin oder der Verkäufer gibt also den Kundeneinwand als Frage zurück.

## 3.2.7 Instrumente der Kundenbindung

⇝ Im Einzelhandel gibt es vielfältige Ansatzpunkte für Kundenbindungsmaßnahmen. Sie sollten auf die jeweilige Zielgruppe abgestimmt sein und auf Kosten und Wirksamkeit hin überprüft werden.

---> Kundenbindungsinstrumente sind u. a. abhängig von der Marketing-Strategie eines Einzelhandelsunternehmens, seiner Betriebsform, Größe, Branche, Konkurrenzsituation, Mitarbeiterzahl und Standort.

---> Beispiele für Maßnahmen sind:

- Serviceleistungen
- Sonderaktionen
- Events
- Kundenkarten
- Warenproben
- Zusatzleistungen für Stammkunden
- verbesserte Garantiebedingungen
- Kundenansprache im Geschäft, in der Werbung, Kundenbriefe
- kundenorientierte Gestaltung von Internetauftritten
- kundengerechte Gestaltung von Arbeitsabläufen

## 3.3 Verkauf zusätzlicher Ware

### 3.3.1 Ergänzungsartikel

Zusatzverkäufe bringen Vorteile für die Kunden und für den Einzelhandelsbetrieb. Sie steigern den Umsatz und ersparen den Kunden Zeit, Geld und Ärger, wenn der Hauptartikel noch eines Ergänzungsartikels bedarf. Man unterscheidet:

| | |
|---|---|
| **Funktionsnotwendige Artikel** | machen den Hauptartikel erst einsatzbereit oder verwendbar<br>**Beispiel:** *Batterie für einen Radiowecker* |
| **Nützliche Zusatzartikel** | stellen eine sinnvolle Ergänzung zum Hauptartikel dar, werten diesen auf oder erweitern seine Verwendungsmöglichkeiten<br>**Beispiel:** *Zusatzobjektive für eine Kamera* |
| **Entdeckte Ergänzungsartikel** | ergeben sich häufig im Verlauf des Verkaufsgespräches und stehen in keinem direkten Zusammenhang mit dem Gebrauchsnutzen des Hauptartikels |

### 3.3.2 Alternativartikel

Die Verkäuferin oder der Verkäufer macht den Kunden ein Ausweichangebot, um doch zu einem Verkaufsabschluss zu gelangen,

auch wenn die von den Kunden gewünschte Ware gerade nicht vor-
rätig ist oder nicht im Sortiment geführt wird. Alternativartikel und
ursprünglich verlangte Ware sollten sich in Zweck, Preis und Qualität gleichen.

### 3.3.3  Ersatzangebote

Kunde verlangen Ersatz für eine Ware, die sie schon hatten, z. B.
Ersatzglühlampen.

## 3.4  Umgang mit unzufriedenen Kunden

### 3.4.1  Beschwerde und Reklamation

Kundenbeschwerden helfen Einzelhändlern innerbetriebliche Miss-
stände zu erkennen und zu beseitigen. Sie sind eine Chance zur
Qualitätssteigerung, Kundenbindung und zur Gewinnung neuer
Kunden. Reklamationen sollten deshalb kundenorientiert abgewickelt werden.

### Beschwerdegründe

-→ Ware oder Dienstleistung ist vermeintlich oder tatsächlich feh-
lerhaft
-→ Beratung durch Verkaufspersonal war unzureichend
-→ Fehler beim Kassieren
-→ Probleme des Einzelhandelsgeschäftes (Sauberkeit, Sortiment,
Preise, Service, ...)

### Abwicklung der Beschwerde

-→ Vermeiden Sie peinliches Aufsehen. Bitten Sie die Kunden in ein
Büro oder einen ruhigen Nebenraum ohne weitere Zuhörer oder
Zuschauer.
-→ Geben Sie den Kunden die Möglichkeit, ihr Anliegen in Ruhe zu
schildern. Hören Sie dabei aufmerksam zu und zeigen Sie Ver-
ständnis.
-→ Prüfen Sie jede Beschwerde unvoreingenommen und sorgfältig
nach und suchen Sie gemeinsam mit den Kunden nach einer
Lösung.
-→ Beachten Sie auch die rechtliche Situation. Wer hat den Mangel
verursacht? Erfolgt die Reklamation innerhalb der gesetzlichen
Gewährleistungsfristen oder der vertraglichen Garantiezeiten?

→ Erfüllen Sie den Kundenwunsch, wenn die Reklamation berechtigt ist, bedanken Sie sich für das Verständnis des Gegenübers und entschuldigen Sie sich.
→ Ist die Reklamation nicht berechtigt, dann erklären Sie den Kunden freundlich, warum Sie den Wunsch ablehnen.

### 3.4.2  Umtausch

▶ Der Umtausch von Waren ohne Fehler ist eine freiwillige Leistung eines Einzelhandelsbetriebes (**Kulanz**). Für die Kunden besteht kein Rechtsanspruch.

#### Umtauschgründe
→ Die Ware passt nicht.
→ Die Ware gefällt nicht mehr.
→ Kunden können die Ware nicht verwenden.
→ Die Ware wurde von den Kunden falsch behandelt.

#### Voraussetzungen
→ Die Ware wurde in unserem Geschäft gekauft (Kassenbon).
→ Die Ware wurde nicht genutzt oder beschädigt.
→ Die Ware ist nach gesetzlichen oder betrieblichen Richtlinien nicht vom Umtausch ausgeschlossen (offene Lebensmittel, Kosmetik-Artikel, Hygiene-Artikel, reduzierte Waren).

# 4  Servicebereich Kasse

## 4.1  Kassieren

Vorbereitende Tätigkeiten für das Kassieren sind:

→ für Ordnung im Kassenbereich sorgen
→ genügend Wechselgeld bereitstellen
→ ausreichend Verpackungsmaterial und Tragetaschen bereitlegen
→ Vordrucke wie Quittungen, Personalkaufbelege, Gutscheine, Kassenrollen bereitstellen
→ Schreibmaterial bereitstellen
→ Listen für Stückpreise überprüfen und gegebenenfalls anpassen

Für Arbeiten im Kassenbereich gelten bestimmte Kassieranweisungen. Sie sind abhängig von den jeweiligen betrieblichen Gegebenheiten und von Betrieb zu Betrieb unterschiedlich. Folgende Vorschläge können helfen, Kassendifferenzen zu vermeiden:

⇥ alle Artikel auf den Kassentisch legen
- ⇢ Sichtkontrolle der Artikel und des Einkaufswagens durchführen
- ⇢ den Kunden die Gesamtsumme deutlich nennen
- ⇢ das von den Kunden überreichte Geld nachzählen
- ⇢ Geldscheine mit höheren Beträgen auf Echtheit prüfen
- ⇢ Wechselgeld den Kunden vorzählen
- ⇢ erst nach Abwicklung des Zahlungsvorganges die Ware und den Kassenbon übergeben
- ⇢ bei Verlassen des Arbeitsplatzes die Kasse verschließen

## 4.2 Zahlungsmöglichkeiten

### 4.2.1 Barzahlung

Barzahlung ist die Zahlung mit Banknoten oder Münzen. Weder der Einzelhändler noch Kunden benötigen ein Konto.

**Formen:**

- ⇢ persönliche Zahlung
- ⇢ Zahlung durch Boten
- ⇢ Postbank-Minutenservice: Bargeld wird am Postschalter einge-zahlt und kann später vom Zahlungsempfänger in einer Filiale der Deutschen Post AG entgegengenommen werden

Der **Nachweis der Zahlung** erfolgt durch Kassenbon, Kassenzettel oder Quittung. Einzelhändler müssen den Kunden auf Verlangen eine Quittung als Nachweis für die Zahlung ausstellen.

**Inhalte der Quittung:**

1. Betrag
2. Name des Zahlers
3. Zahlungsgrund
4. Empfangsbestätigung des Einzelhändlers
5. Ort und Tag der Ausstellung
6. Unterschrift des Einzelhändlers

### 4.2.2 Gutscheine/Coupons

Kunden erhalten zeitlich unbegrenzt oder innerhalb einer bestimm-ten Frist gegen Vorlage des Gutscheins einen beliebigen Artikel im Gegenwert des Gutscheins. Die Bezahlung erfolgt vor Übergabe der Ware. Gutscheininhaber haben keinen Rechtsanspruch auf Auszah-lung des Gegenwertes in Bargeld.

## Anlässe:

-→ Geschenkkauf
-→ Umtausch
-→ Reklamation
-→ Veröffentlichung in Zeitungen oder Zeitschriften und Einlösung im Einzelhandelsgeschäft

### 4.2.3 Kartenzahlung

Bei allen Kartenzahlungsverfahren erfolgt die Zahlung bargeldlos. Der bargeldlose Zahlungsverkehr setzt voraus, dass Schuldner und Gläubiger über ein Konto verfügen.

| Karten-zahlung | Merkmale |
|---|---|
| POS-System | -→ Kunden zahlen mit Girocard (ehemals EC-Karte) mittels eines elektronischen Kartenlesegerätes am Verkaufsort (= point of sale). |
| | -→ Der Einzug des Geldbetrages erfolgt beleglos vom Bankkonto des Kunden. |
| | -→ Bei der Zahlung erfolgt die Eingabe der **persönlichen Geheimzahl** des Kunden (**PIN**). |
| | -→ Das Karten ausgebende Kreditinstitut **garantiert den Eingang der Zahlung**. |
| Geldkarte | -→ Die Geldkarte wird an speziellen Ladeterminals der Hausbank mit bis zu 200,00 EUR aufgeladen. |
| | -→ Der Zahlungsbetrag wird im Einzelhandelsgeschäft vom Chipguthaben abgebucht und dem Händler gutgeschrieben. |
| Kredit-karten | -→ Kreditkarten werden von Kreditkartenorganisationen wie VISA, MasterCard, Diners Club, American Express herausgegeben. |
| | -→ Kreditkarteninhaber können weltweit bei allen Vertragsunternehmen der Kartenorganisationen bargeldlos bezahlen. |
| Kredit-karten | -→ Vertragsunternehmen bezahlen an die Kartenorganisationen eine Provision und erhalten von diesen die Verkaufserlöse vergütet. |

| Karten-zahlung | Merkmale |
|---|---|
| Kunden-karten | → Kundenkarten werden von Einzelhandelsunternehmen als Instrument der Kundenbindung und Kundenpflege herausgegeben. |
| | → Kunden können nur bei dem Karten ausgebenden Unternehmen bargeldlos bezahlen. |
| | → Die Abbuchung erfolgt in der Regel monatlich. |
| | → Kunden haben somit bis zur Abbuchung der Beträge von ihrem Bankkonto einen kostenlosen Kredit. |

## 4.3 Preisnachlässe

Rabatte oder Preisnachlässe erlauben Einzelhändlern flexible Reaktionen auf unterschiedliche Kundenansprüche. Reduzierte Preise sind nur zulässig, wenn der Ausgangspreis kein „Mondpreis" war (siehe Kapitel D 4.4.1 Preisangabenverordnung).

| Rabattarten | Erklärung |
|---|---|
| Mengenrabatt | Ein Kunde erhält einen Rabatt für die Abnahme einer größeren Warenmenge. |
| Treuerabatt | Eine langjährige Kundin erhält einen Preisnachlass von 3 %. |
| Sonderrabatt | Eine Schule erhält regelmäßig einen Nachlass beim Einkauf von Schreibmaterial. |
| Personalrabatt | Die Beschäftigten eines Einzelhandelsgeschäftes erhalten beim Einkauf bei ihrem Arbeitgeber einen Rabatt. |

## 4.4 Kundenorientiertes Verhalten im Kassenbereich

### 4.4.1 Verkaufspsychologische Bedeutung des Kassenpersonals

Die Kassiererin oder der Kassierer ist häufig die letzte Verkaufskraft, mit der der Kunde in Berührung kommt. Dadurch prägt das Kassenpersonal wesentlich das Bild der Kunden vom Unternehmen. Deshalb ist auf ein kundenorientiertes Verhalten besonders zu achten, damit der Kaufvorgang in einer positiven Atmosphäre abgeschlossen wird.

- → Blickkontakt aufnehmen
- → Kunden an der Kasse begrüßen
- → wenn möglich, Kunden mit Namen ansprechen
- → die Ware sorgfältig behandeln, Sicherheitsetiketten entfernen
- → sich für den Kauf bedanken
- → Kunden freundlich verabschieden

### 4.4.2  Umtausch und Reklamation im Kassenbereich

Die Art und Weise, wie ein Umtausch oder eine Warenrücknahme durch das Kassenpersonal erfolgen soll, ist in den einzelnen Einzelhandelsbetrieben unterschiedlich geregelt. Dabei sollte im Kassenbereich besonders auf folgende Punkte geachtet werden:

- → Vermeiden Sie lange Diskussionen mit den Kunden.
- → Wenn möglich, sollte die Reklamation von der Abteilung abgewickelt werden, in der die Ware gekauft wurde.
- → Geben Sie den Retour-Bon an der Kasse ein, wenn Kunden den bereits bezahlten Kaufpreis erstattet bekommen.
- → Dabei erfolgt eine Barauszahlung bzw. eine Gutschrift bei Bezahlung mit Karte.
- → Buchen Sie die Ware beim Einscannen dem Bestand wieder zu.

## 4.5  Kassenabrechnung

### 4.5.1  Kassenbericht

Ein Kassenbericht ist ein Beleg über die Einnahmen aus Barverkäufen. Er wird nach einem Wechsel des Kassenpersonals oder nach Kassenschluss durchgeführt. Der Kassenbericht liefert Informationen, die für folgende Sachverhalte relevant sind:

- → Leistungen des Kassenpersonals, z. B. Kassierzeiten je Kunde, Anzahl Stornos
- → durchschnittlicher Bargeldbestand
- → Kassenfrequenz z. B. Artikelzahl, Umsatz, Kundenzahl für eine Stunde
- → Kundenkennziffern, z. B. durchschnittliche Anzahl der gekauften Artikel je Kunde
- → Artikelkennziffern, z. B. Absatzzahlen
- → dient als Grundlage für die Buchhaltung

## 4.5.2 Tageskassenbericht

Er wird am Ende eines jeden Verkaufstages durchgeführt und ermöglicht eine **Kassenkontrolle**. Dabei gilt:

Kassenendbestand bei Geschäftsschluss
+ Auszahlungen im Laufe des Tages (Wareneinkäufe, Geschäftsausgaben, Privatentnahmen, Sonstiges)
− Anfangsbestand
− sonstige Einzahlungen

= **Bareinnahmen der Warenverkäufe eines Tages (Tageslosung)**

Die Tageslosung kann durch die Belege über Warenverkäufe an Kunden oder bei elektronischen Kassen automatisch aus den Kundenbons ermittelt werden.

## 4.5.3 Kassensturz

Dabei handelt es sich um eine nicht angekündigte Kassenkontrolle außerhalb der normalen Kassenabrechnung. Dadurch sollen die Ursachen von Kassendifferenzen festgestellt werden.

### Ursachen
--> Fehler beim Kassieren
--> Wechselgeld falsch herausgegeben
--> Diebstahl, Unterschlagung
--> Kundenreklamationen wegen angeblich falschen Wechselgeldes

### Maßnahmen zur Vermeidung von Kassendifferenzen
--> Kassieranweisungen des Betriebes einhalten
--> bei größeren Geldscheinen den Betrag deutlich nennen
--> dem Kunden das Wechselgeld laut vorzählen
--> das von den Kunden gezahlte Geld in der Kasse deponieren
--> die Kasse nach jedem Vorgang schließen

## 4.5.4 Falschgeld

### Allgemeines
--> Bei Barzahlungen von Kunden besteht für Einzelhändler ein grundsätzliches Risiko einer Zahlung mit Falschgeld.

--> Vorsicht, wenn Kunden geringwertige Waren mit großen Bank-
noten bezahlen wollen!
--> Am häufigsten gefälscht werden 50-Euro-Scheine und 20-Euro-
Scheine.

## Wie erkenne ich Falschgeld?

--> Euro-Banknoten haben vielfältige Sicherheitsmerkmale.
Es sollten immer mehrere Merkmale geprüft werden.
--> Einzelhandelsbetriebe verfügen in der Regel über elektronische
Geräte zur Echtheitsprüfung von Banknoten.
--> Prüfung von Sicherheitsmerkmalen nach dem Prinzip
FÜHLEN – SEHEN – KIPPEN:
  • Fühlen: Beschaffenheit des Banknotenpapiers, fühlbares
    Relief z. B. bei Hauptmotiv/Schrift.
  • Sehen: Hauptmotiv und Wertzahl sind gegen das Licht
    gehalten als Wasserzeichen sichtbar
  • Kippen: Beim Kippen der Banknote zeigt der Folienstreifen im
    rechten Teil der Vorderseite die Wertzahl und das EUR-Symbol.

## Wie verhalte ich mich bei Zahlung mit Falschgeld?

--> bei Zweifeln sorgfältige Prüfung mit einer Vergleichsnote
--> bei Falschgeld keine Ware herausgeben – für Falschgeld erhält
der Einzelhändler keinen Ersatz
--> Sicherheitsdienst bzw. Polizei benachrichtigen
--> Falschgeld der Polizei übergeben, nicht an Kunden zurückgeben
--> verdächtiges Falschgeld an die Bundesbank übergeben
--> Falschgeld in einen Briefumschlag geben und so wenig wie
möglich anfassen
--> Aussehen, Kfz-Kennzeichen des Kunden merken
--> Falschgeld nicht wieder in den Verkehr bringen
--> sich nicht in Gefahr begeben

# 5 Einflussfaktoren auf die Warenpräsentation

## 5.1 Verkaufsraumgestaltung

Eine an den Kundenbedürfnissen orientierte Gestaltung der Verkaufsräume fördert den Warenabsatz. Dabei geht es um das innere

und äußere Erscheinungsbild der Verkaufsräume. Dieses soll auf die Kunden möglichst verkaufsfördernd wirken.

Man unterscheidet zwischen

⇢ **Warenpräsentation: Wie** soll die Ware dargestellt werden?
⇢ **Warenplatzierung: Wo** soll die Ware aufgestellt werden?

## Ziele der Verkaufsraumgestaltung

Eine kundenorientierte Verkaufsraumgestaltung soll folgende Zielsetzungen berücksichtigen:

⇢ Waren und Serviceleistungen für die Kunden sichtbar machen
⇢ Kundeneinkäufe erleichtern
⇢ zu Verbundkäufen anregen
⇢ Kunden durch eine gute Verkaufsatmosphäre emotional beeinflussen
⇢ Impulskäufe anregen
⇢ Verweildauer im Geschäft optimieren
⇢ Warenbewirtschaftung erleichtern
⇢ Schutz vor Ladendiebstählen

## Gestaltung des Ladenumfeldes

Wird die Ware vom Einzelhändler außerhalb des Geschäftes platziert, dann sollte die Warenpräsentation an die äußeren Gestaltungselemente angepasst sein.

| Element | Aufgaben |
|---------|----------|
| **Fassade** | ⇢ vermittelt den Kunden einen ersten Eindruck des Geschäftes<br>⇢ gibt einen Eindruck von der Firmenphilosophie<br>⇢ liefert den Kunden nonverbale Informationen darüber, was sie im Innern des Geschäftes erwartet<br>⇢ gibt dem Unternehmen durch den zielgerichteten Einsatz von Baumaterialien, Beleuchtung, Farben, Firmenlogo ein Profil |
| **Firmenlogo** | ⇢ ist eine grafische Gestaltung des Firmennamens<br>⇢ macht Kunden auf das Geschäft aufmerksam<br>⇢ soll werbewirksam, prägnant und für Kunden leicht wiedererkennbar sein |

## Absatzfördernde Verkaufsraumgestaltung

Die Gestaltung der Verkaufsräume schafft Möglichkeiten, die Ware verkaufswirksam zu präsentieren. Sie wird besonders beeinflusst von:

--> Betriebsform
--> Sortiment
--> Kundenerwartungen
--> Bedingungen des Geschäftsumfeldes

## Platzierung der Ware in Abhängigkeit vom Kundenlauf

Die Verteilung der Warengruppen auf die verschiedenen Bereiche des Verkaufsraumes und ihre Platzierung in den Warenträgern beeinflusst die Umsatzhöhe bei den einzelnen Artikeln. Durch **Kundenlaufstudien** kann ein Einzelhandelsunternehmen feststellen, welche Ladenbereiche verkaufsschwach bzw. verkaufsstark sind.

| Verkaufsschwache Ladenzonen werden vom Kunden häufig umgangen oder schnell durchlaufen. | Platzierungsstrategien |
|---|---|
| --> Eingangszone<br>--> Ladenecken<br>--> Mittelzonen<br>--> Zonen links in Kundenlaufrichtung | --> Aufwertung durch Platzierung von Suchartikeln, Aktionsware<br>--> Platzierung von Gütern des täglichen Bedarfs und Sonderangeboten |

| Verkaufsintensive Ladenzonen | Platzierungsstrategien |
|---|---|
| Kassenzone | Platzierung von Sonderangeboten und Impulsartikeln |
| --> Bereiche in der Nähe von Rolltreppen/Aufzügen<br>--> Gangkreuzungen | --> Aktionsplatzierungen<br>--> Artikel der niederen Preiskategorie |

| Verkaufsintensive Ladenzonen | Platzierungsstrategien |
|---|---|
| → Außengänge<br>→ Verkaufsflächen rechts vom Kundenlauf<br>→ Bereiche rechts in Kundenlaufrichtung | → Platzierung von Artikeln mit hoher Gewinnspanne<br>→ Steigerung der Verkäufe von absatzschwachen Artikeln mit niedriger Umschlagshäufigkeit |

## Platzierung nach der Anordnung der Warenträger im Verkaufsraum

| Längsplatzierung | → Verwendung von langen Warenträgern<br>→ optimale Raumausnutzung und gute Übersicht |
|---|---|
| Querplatzierung | → kürzere Warenträger ermöglichen abwechslungsreichere Präsentation der Artikel<br>→ höhere Verweildauer der Kunden |
| Schrägplatzierung | → Warenträger sind schräg zur Kundenführung ausgerichtet<br>→ Platzierung wirkt auf Kunden aufgelockert und anregend |

# 5.2   Verkaufsform[1]

| Verkaufsform | Grundsätze der Warenpräsentation |
|---|---|
| Vollbedienung | → Kunden gelangen nur mithilfe des Verkaufspersonals an die Ware.<br>→ Die Warenplatzierung orientiert sich am Verkaufspersonal.<br>→ Artikel mit hohem Umsatz und Aktionswaren müssen leicht erreichbar sein. |

---

[1] *siehe dazu auch Kapitel B 2.4 Verkaufsformen im Einzelhandel*

| Verkaufsform | Grundsätze der Warenpräsentation |
|---|---|
| Selbstbedienung | → Kunden haben freien Zugang zur Ware und werden über die Ware angesprochen. |
| | → Die Warenpräsentation soll zum Kauf anregen und Impulskäufe auslösen. |
| | → Kunden mithilfe der Warenplatzierung durch das Geschäft führen |
| | → Ware gut sichtbar, sauber und ordentlich präsentieren |
| | → Die Präsentation muss den Kunden einen schnellen Überblick ermöglichen. |
| | → Warenlücken schnell schließen |
| | → beschädigte Waren aussortieren |
| Vorwahl | → Verbindung von Vollbedienung und Selbstbedienung |
| | → Übersichtlichkeit durch Gliederung des Sortiments herstellen, z. B. nach Herstellern, Qualitäten, Preisen, Verwendungszwecken, Kaufmotiven |
| | → Ware informativ präsentieren |
| | → unübersichtliche Winkel vermeiden |

## 5.3   Warenplatzierung und -präsentation

Hier geht es darum, wie die Artikel des Sortiments sinnvoll in den Verkaufsräumen zusammengefasst und platziert werden können.

| Warengruppenplatzierung | → Platzierung der Artikel nach der Zugehörigkeit zu einer bestimmten Warengruppe |
|---|---|
| | → ermöglicht den Kunden eine schnelle Orientierung |
| Verbundplatzierung | gemeinsame Platzierung von Artikeln, die zusammengehören oder sich ergänzen |
| Zweitplatzierung | Artikel werden mehrfach an verschiedenen Standorten im Geschäft platziert. |

Waren können beispielsweise nach folgenden Gesichtspunkten gruppiert werden:

--→ Verwendungszweck
--→ Rohstoffe
--→ Hersteller
--→ Preislagen
--→ Größen
--→ Farben

Bei der Platzierung der Ware in den Warenträgern unterscheidet man folgende Zonen:

| Regalzone | Platzierung der Ware |
|---|---|
| **Reckzone** (über 165 cm) | --→weniger verkaufsstarke Zone<br>--→leichte Ware |
| **Sichtzone** (bis 165 cm) | --→verkaufsstarke Zone<br>--→Artikel mit einer hohen Gewinnspanne |
| **Greifzone** (bis 120 cm) | --→verkaufsintensive Zone<br>--→Impuls- und Zusatzartikel |
| **Bückzone** (unter 80 cm) | --→Verkaufsschwache Zone<br>--→schwere Waren, Suchartikel, Artikel mit geringer Handelsspanne |

Ware mit späterem Verfallsdatum sollte möglichst hinten platziert werden.

Besonders wichtig:

--→ Sortimentsüberblick geben
--→ Auffinden der Ware durch gleichbleibende Standorte erleichtern
--→ Ware informativ und attraktiv präsentieren
--→ möglichst viele Sinne der Kunden ansprechen
--→ Ordnung und Sauberkeit beachten
--→ mithilfe von Kundenleitsystemen die Kunden mit einer Vielzahl von Warenkontakten durch das Geschäft führen
--→ nur unbeschädigte Ware anbieten
--→ Hinweis- und Preisschilder müssen mit der ausgestellten Ware übereinstimmen.

## 5.4 Schaufenstergestaltung

Eine gute Warenplatzierung im Schaufenster soll

--> Besitzwünsche wecken,
--> Übersicht über das Sortiment geben,
--> als Orientierung für die Kunden dienen,
--> Werbeträger für das Geschäft sein,
--> Passanten auf das Geschäft aufmerksam machen.

Wie die Ware im Schaufenster angeordnet wird, hängt auch von der Art des Schaufensters ab.

--> **Übersichtsfenster:** Beispiele für das Warenangebot
--> **Sachfenster:** Hinweis auf Verwendungszweck und Gebrauchswert
--> **Fantasiefenster:** stehen unter einem Leitgedanken, der Wünsche, Träume und Fantasien der Kunden anspricht
--> **Anlassfenster:** zu besonderen Anlässen
--> **Spezialfenster:** zeigen wertvolle Einzelstücke
--> **Stapelfenster:** Warenpräsentation der gezeigten Artikel in Stapeln, um ein Sortiment mit geringen Preisen zum Ausdruck zu bringen
--> **Durchsichtfenster:** erlauben einen freien Blick auf die Warenpräsentation im Geschäft
--> **geschlossene Fenster:** Kunden haben keine Einsicht in das Geschäft.

## 5.5 Visual Merchandising

Alle optischen Maßnahmen der Geschäftsraumgestaltung und Warenpräsentation wie

--> Ladendekoration,
--> Lichteffekte,
--> Farbgebung,
--> Kundenführung,
--> Anordnung der Warenträger im Verkaufsraum,
--> Warenplatzierung

sind so aufeinander abgestimmt, dass sie für die Kunden als eine zusammengehörende Einheit erscheinen.

--> Dadurch bekommt der Einkauf für die Kunden Erlebnischarakter und spricht sie von ihrer Gefühlsseite an. Es werden Warenbilder erzeugt, die auf Wünsche, Träume, Fantasien der

Kunden zielen. Zweck ist es, die Verweildauer der Kunden im Geschäft zu erhöhen und sie zu Spontan- und Impulskäufen anzuregen.

# 6 Onlinehandel

## 6.1 Begriff und wirtschaftliche Bedeutung

### Begriff E-Commerce

▶ Unter E-Commerce versteht man die elektronische Abwicklung von Geschäften über das Internet. Onlineshops sind eine spezielle Form des Versandhandels. Endverbraucher können dabei das Waren- und Dienstleistungsangebot des Onlinehandels nutzen.

Formen des E-Commerce:

→ Business-to-Consumer (B2C) ⇨ Geschäftsbeziehung Einzelhandel zu Kunden
→ Business-to-Business (B2B) ⇨ Geschäftsbeziehung Einzelhandel zu Lieferanten

### Entwicklung des Onlinehandels

Eine umfangreiche Studie der Gesellschaft für Konsumforschung (GfK) brachte für den Onlinehandel u. a. folgende Ergebnisse:

→ In den kommenden Jahren wird der Onlinehandel weiter kontinuierlich wachsen.
→ Auch der Anteil des Onlinegeschäfts am Gesamtumsatz des Einzelhandels wird weiter zunehmen.
→ Dennoch hat der stationäre Handel auch in Zukunft weiterhin eine große Bedeutung.
→ Kunden ziehen den Händler vor Ort vor allem dann vor, wenn es um Frische, Qualität und beratungsintensive Anschaffungen geht.
→ Auch für die Kaufentscheidung im stationären Einzelhandel ist das Internet eine Informationsquelle, die zunehmend an Bedeutung gewinnt.

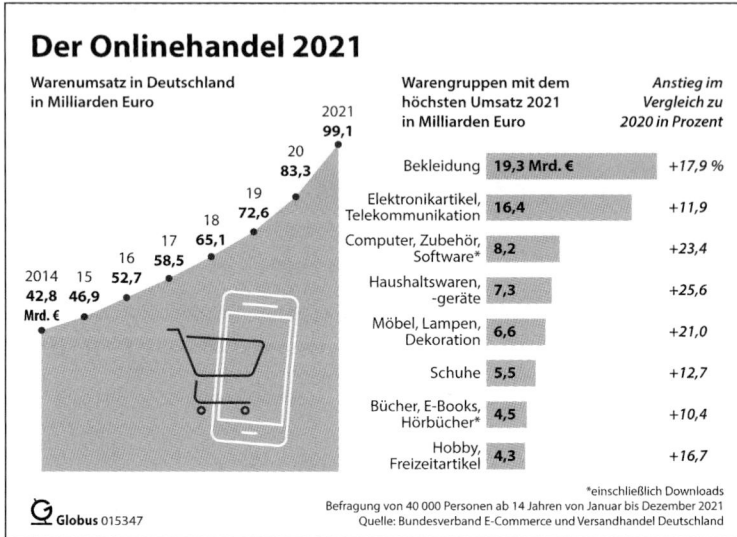

## Der Onlinehandel 2021

Warenumsatz in Deutschland
in Milliarden Euro

2014 15 **52,7** 16 **58,5** 17 **65,1** 18 **72,6** 19 **83,3** 20 2021
**42,8** **46,9** **99,1**
Mrd. €

| Warengruppen mit dem höchsten Umsatz 2021 in Milliarden Euro | | Anstieg im Vergleich zu 2020 in Prozent |
|---|---|---|
| Bekleidung | **19,3 Mrd. €** | +17,9 % |
| Elektronikartikel, Telekommunikation | **16,4** | +11,9 |
| Computer, Zubehör, Software* | **8,2** | +23,4 |
| Haushaltswaren, -geräte | **7,3** | +25,6 |
| Möbel, Lampen, Dekoration | **6,6** | +21,0 |
| Schuhe | **5,5** | +12,7 |
| Bücher, E-Books, Hörbücher* | **4,5** | +10,4 |
| Hobby, Freizeitartikel | **4,3** | +16,7 |

*einschließlich Downloads
Befragung von 40 000 Personen ab 14 Jahren von Januar bis Dezember 2021
Quelle: Bundesverband E-Commerce und Versandhandel Deutschland

Globus 015347

*Im Internet einkaufen liegt im Trend. Auch ältere Menschen gehen zunehmend online einkaufen.*

## 6.2 Vorteile und Nachteile des Onlinehandels

### Vorteile des Onlinehandels aus Sicht der Kunden

--» schneller Einkauf, 24 Stunden am Tag
--» örtliche und zeitliche Ungebundenheit
--» bequeme Warenauswahl von zu Hause aus
--» große Warenauswahl
--» vielfältige Vergleichsmöglichkeiten und hohe Übersichtlichkeit beim Sortiment
--» Preistransparenz
--» oft günstigere Preise als im stationären Handel
--» Kosten- und Zeitersparnis
--» mehr Informationen
--» Rückgaberecht

### Vorteile des Onlinehandels für den Einzelhandel

--» Erschließung zusätzlicher Absatzmöglichkeiten
--» schnelle Abwicklung von Kundenbestellungen

-→ Kundenprofile zur gezielten Gestaltung von Marketingmaßnahmen und für zielgruppen-spezifische Onlineangebote
-→ geringere Kosten u. a. für Personal, Lager, Verkaufsräume
-→ Kostensenkungen durch einen hohen Grad an Automatisierung
-→ Einsparpotenziale beim Einkauf durch hohe Markttransparenz
-→ flexiblere und schnellere Reaktion auf Marktveränderungen
-→ vielfältige Möglichkeiten der Kommunikation mit den Kunden,
z. B. Social Media (siehe dazu auch Kapitel B 1.1)

## 6.3 Rechtliche Vorschriften im Onlinehandel

Für den Internethandel gilt eine Vielzahl von Rechtsvorschriften. Sie
betreffen das Verhältnis von Händlern zu ihren Mitbewerbern,
zahlreiche Verbraucherschutzregelungen oder bei grenzüberschrei-
tenden Verbraucherverträgen Ergänzungen durch europäische Regelungen. Links auf fremde Internetseiten können eine Haftung des
Onlinehändlers auslösen, wenn diese auf Seiten mit rechtswidrigem
Inhalt verweisen.

**Wichtige Rechtsbestimmungen für den Onlinehandel**

-→ **Anbieterkennzeichnung nach dem Telemediengesetz
(Impressumspflicht)**
  - gilt für alle Anbieter von Websites
  - angegeben werden müssen: Vor- und Zunahme des Anbieters, Firma, postalische Anschrift, E-Mail/Telefonnummer/
Faxnummer, Rechtsform und Vertretungsberechtigte, Um-
satzsteuer-Identifikationsnummer, Registereintrag, Link mit
Hinweis auf die Möglichkeit einer Onlinestreitbeilegung

-→ **weitergehende Informationspflichten bei Fernabsatzverträgen**
  Fernabsatzverträge sind Verträge unter ausschließlicher
Verwendung von Fernkommunikationsmitteln über die Lieferung von Waren oder die Erbringung von Dienstleistungen zwischen einem Unternehmer und einem Verbraucher.

Onlinehändler müssen vor Vertragsabschluss insbesondere informieren über:

  - Anschrift, E-Mail, Telefonnummer, Faxnummer, Register-
einträge
  - die Art und Weise des Zustandekommens des Vertrages
  - wesentliche Merkmale der angebotenen Ware bzw. Dienstleistung

- den Gesamtpreis der Ware einschließlich aller damit verbundenen Preisbestandteile
- anfallende Versandkosten einschließlich der enthaltenen Mehrwertsteuer
- mögliche Zahlungsarten
- die Mindestlaufzeit des Vertrages bei Dauerschuldverhältnissen
- die Kündigungsbedingungen
- die Gültigkeitsdauer befristeter Angebote
- Einzelheiten hinsichtlich Zahlung und Lieferung oder Erfüllung
- das Bestehen eines Widerrufsrechts von 14 Tagen
- die Liefer- und Zahlungsbedingungen sowie bestehende Lieferbeschränkungen

→ **Allgemeine Geschäftsbedingungen (AGB)** (siehe dazu auch Kapitel A 2.4.3)

Die Allgemeinen Geschäftsbedingungen können auch bei Onlineverträgen einbezogen werden. Folgende Voraussetzungen müssen dafür erfüllt sein:

- Hinweis auf die Geltung der AGB an deutlich sichtbarer Stelle der Website
- Inhalt der AGB muss über die Website einsehbar und deutlich lesbar sein
- Umfang der AGB muss so kurz gehalten sein, dass diese in zumutbarer Weise zur Kenntnis genommen werden können

→ **Informationspflichten auf der Bestellseite (Button-Lösung)**

Aus Gründen des Verbraucherschutzes muss der Bestellbutton gut lesbar und rechtlich einwandfrei beschriftet sein. Möglich sind Kennzeichnungen wie „zahlungspflichtig bestellen" oder „kaufen".

Wesentliche Produkteigenschaften, Preis und Versandkosten sind dem Kunden unmittelbar vor der Bestellung klar und verständlich anzuzeigen.

→ **Recht auf Widerruf**

Beim Onlineeinkauf haben Verbraucher das Recht, den Auftrag binnen 14 Tagen ohne Angabe von Gründen zu widerrufen. Der Widerruf muss vom Kunden ausdrücklich erklärt werden. Die Ware kann also nicht einfach kommentarlos zurückgeschickt werden.

Verbraucher können für ihre Widerrufsbelehrung ein Muster-Widerrufsformular verwenden, welches der Verkäufer zur Verfügung stellen muss.

Weitere wichtige Regelungen zum Widerrufsrecht sind:

- Das Widerrufsrecht beginnt mit dem Eingang der Ware beim Kunden.
- bei Teilsendungen beginnt die Widerrufsfrist mit Erhalt der letzten Teilsendung
- zur Fristwahrnehmung genügt die rechtzeitige Absendung des Widerrufs
- bei fehlender bzw. falscher Widerrufsbelehrung verlängert sich die Widerrufsfrist auf maximal zwölf Monate

Ausnahmen vom Widerrufsrecht:

- Waren, die nach individuellen Kundenwünschen gefertigt wurden (Maßanzüge)
- schnell verderbliche Waren
- digitale Güter und Downloads
- entsiegelte Waren (Medikamente)

Rechtsfolgen des Widerrufs:

- nach Erklärung des Widerrufs muss die Ware unverzüglich, spätestens nach 14 Tagen auf Gefahr des Verkäufers zurückgeschickt werden
- Die Rückzahlung des Kaufpreises hat ebenfalls binnen 14 Tagen zu erfolgen.
- Verkäufer haben bis zum Erhalt der Ware ein Zurückbehaltungsrecht.

⇢ **Hin- und Rücksendekosten**
Unternehmer tragen bei Widerruf die Kosten der Hinsendung in Höhe der günstigsten angebotenen Standardlieferung. Nach den gesetzlichen Bestimmungen tragen Kunden die Kosten der Rücksendung unabhängig vom Warenwert, wenn sie zuvor über den Sachverhalt informiert wurden.
Vgl. *www.ihk-muenchen.de/rechtsgrundlagen-ecommerce*

# 6.4 Anforderungen an einen erfolgreichen Onlineshop

Onlineshops sind virtuelle Verkaufsstellen. Wie in realen Geschäften ist auch im Internet der Einzelhandel einem harten Wettbewerb ausgesetzt. Es stellt sich also die Frage, mit welchen Kriterien ein Onlinehändler seine eigene Marktsituation und den Marktauftritt seiner Mitbewerber sinnvoll beurteilen kann.

# Wichtige Erfolgsfaktoren für Onlineshops

| Erfolgsfaktor | Erläuterung |
|---|---|
| Benutzer-freundlichkeit | → ansprechendes Design, Möglichkeiten zur Zwischenspeicherung und zum Widerruf, eine sinnvolle Navigationsstruktur mit intelligenten Suchfunktionen, einfach strukturierte Bezahlseiten<br>→ Ziele: die gewünschte Ware mit möglichst wenig Klicks auffinden, Barrierefreiheit |
| Service | → Erreichbarkeit über verschiedene Kanäle und schnelle Beantwortung von Kunden-E-Mails, günstige Versandkosten, kundenfreundliche Abwicklung von Reklamationen<br>→ Ziele: kurze Reaktionszeiten, konkurrenzfähige Preise |
| Sicherheit | → Verschlüsselungstechnologien für Kundendaten und Zahlungsverkehrsinformationen<br>→ Ziele: durch Datenschutz Kundenvertrauen schaffen, Betrugsprävention, Rechtssicherheit für Händler und Kunden |
| Waren-präsentation | → gutes Bildmaterial und eine verständliche Produktbeschreibung, Produktbeurteilungen ermöglichen<br>→ Ziel: Kunden zum Kauf bewegen |
| Technik | → geeignete Technik und eine passende Onlineshop-Software sind notwendig für einen reibungslosen Betrieb<br>→ Ziele: kurze Ladezeiten, wenig Ausfallzeiten, spätere Wechsel vermeiden |
| Online-marketing | → sinnvoller Einsatz und Abstimmung der Online-marketing-Instrumente<br>→ Ziele: Bekanntheitsgrad, Besucherhäufigkeit, Käufe steigern |
| Zahl-verfahren | → fehlt die passende Bezahlmöglichkeit, brechen viele Kunden den Kaufvorgang ab<br>→ Ziele: die für die Kunden richtige Zahlungsart anbieten, Zahlungssicherheit gewährleisten |

## 6.5 Onlinemarketing

Beim Onlinemarketing werden die klassischen Marketingmaßnahmen mithilfe des Internets umgesetzt. Sie dienen der Gewinnung neuer Kunden, der Kundenbindung oder der Markenbildung. Dabei kommen insbesondere folgende Instrumente des Onlinemarketings zum Einsatz:

→ **Websitemarketing**
Auf der Website sollte das Unternehmen seine Waren und Dienstleistungen kundenorientiert darstellen. Bei der Gestaltung sind u. a. folgende Punkte zu beachten:
- Inhalte übersichtlich und passend zur Zielgruppe
- möglichst einfache Navigation
- Design passend zum Corporate Design und zu den Erwartungen der Zielgruppe
- zielgruppengerechte Sprache
- Optimierung für Smartphones, d. h. das Design der Website muss sich automatisch an die Bildschirmgröße des Geräts anpassen (seit April 2021 wird dieser Aspekt von der Google-Suchanzeige berücksichtigt, nicht optimierte Websites werden also schlechter gefunden)

→ **Suchmaschinenoptimierung**
Sie beinhaltet Maßnahmen zur Beeinflussung der Suchmaschinenplatzierungen. In der Rangfolge bei Suchmaschinen oder Plattformen möglichst weit oben zu erscheinen, gilt als wesentlich für den Erfolg eines Onlineshops.

→ **Bannerwerbung**
Ein Banner ist eine Werbeanzeige, die auf einer Website eingebunden ist. Es soll auf ein bestimmtes Produkt aufmerksam machen und leitet Interessenten auf die Internetseite des jeweiligen Anzeigeschalters weiter. Es gibt eine Vielzahl unterschiedlicher Bannerformate. Dazu gehören:
- statische Banner: fixe, nicht animierte Grafiken, häufig in Kombination mit Kurztexten
- animierte Banner: Banner in Bewegung. Sie erlauben es, die Werbebotschaft als kleinen Film zu kommunizieren.
- Rich-Media-Banner: ermöglichen die Darstellung von Video, Audio, 3D-Welten als Bannerformat

→ **E-Mail-Newsletter-Marketing**
Hier handelt es sich um eine Form des Direktmarketings auf elektronischem Weg. Kunden können direkt durch E-Mails oder über Newsletter angesprochen werden, um auf neue Produkte

oder Unternehmensinformationen aufmerksam zu machen. Ziel ist eine Festigung bestehender Kundenbeziehungen.

Voraussetzung für den Versand ist, dass die Empfänger vorher ihr ausdrückliches Einverständnis dazu gegeben haben.

--> **Affiliate-Marketing**
Bei dieser Variante des Onlinemarketings ermöglichen Websitebetreiber im Internet anderen Unternehmen Werbemöglichkeiten auf ihrer Seite. Dadurch soll die Zielgruppe eines werbetreibenden Unternehmens direkt über die Partnerseite angesprochen werden. Die Websitebetreiber erhalten im Gegenzug eine Provision.

--> **Social-Media-Marketing**
Unter Social-Media-Marketing werden soziale Netzwerke, wie Foren, Blogs, Facebook, Twitter oder Instagram, aber auch der Videokanal YouTube, für Marketingmaßnahmen genutzt. Für den Onlinehandel sind u. a. folgende Möglichkeiten von Interesse:
- Beobachtung und gezielte Steuerung von Diskussionen in Internetforen
- Stärkung der Kundenbindung durch serviceorientierte Kommunikation
- Stärkung der Internetpräsenz durch eine eigene Facebook-Website
- gezielte Information von Zielgruppen über aktuelle Produkte oder Unternehmens-Events

# 6.6   Multi-Channel-Strategien im E-Commerce

Der Multichannelhandel verbindet das stationäre Geschäft mit dem Onlinehandel im Internet und eröffnet so Einzelhandelsgeschäften einen weiteren Vertriebskanal. Kunden können Waren sowohl im Ladengeschäft als auch über den Webshop von Händlern beziehen.

## Wechselwirkung von stationärem Handel und Onlinehandel

Die Verknüpfung des eigenen Offlinehandels mit einem Onlineshop stellt zunehmend einen zentralen Erfolgsfaktor für den Einzelhandel dar. Zwischen den einzelnen Vertriebskanälen bestehen vielfältige Wechselbeziehungen.

--> Die Kunden verteilen den Kaufprozess auf mehrere Kanäle. Sie informieren sich beispielsweise im Internet und kaufen anschließend im Ladengeschäft und umgekehrt.

--> Ein eigener Onlineshop kann erhebliche Kaufimpulse auf andere Vertriebskanäle wie Katalogverkauf oder Einkäufe im stationären Ladengeschäft auslösen.

--> Stationäre Händler können somit zusätzliche Kunden für ihre Ladengeschäfte gewinnen, indem sie z. B. die Selbstabholung der online bestellten Ware anbieten.

--> Eine digitale Präsenz macht Kunden auf den stationären Handel aufmerksam und erhöht dessen Umsätze.

## Multi-Channel-Strategien

--> **Formen:**
  • Cross-Channel-Retailing: Händler können die verschiedenen Vermarktungs- und Verkaufskanäle aufeinander abstimmen.
  • Multi-Channel-Retailing: Händler führen die Verkaufskanäle völlig separat nebeneinander.

--> **Wichtige Serviceleistungen im Rahmen von Multi-Channel-Strategien:**
  • Onlineverfügbarkeitsabfragen von stationären Waren
  • Reservierungsservice
  • Lieferung der online bestellten Ware in einen stationären Shop (Click & Collect-Service)

--> **Probleme bei der Umsetzung:**
  • fehlendes Fachwissen und fehlende Erfahrung bezüglich neuer Vertriebskanäle
  • hohe Investitionen beim Aufbau eines Onlinehandels oder von stationären Verkaufsniederlassungen
  • oft geringere Flexibilität von Cross-Channel-Händlern im Vergleich zu reinen Internetanbietern
  • hoher Abstimmungsaufwand zwischen den verschiedenen Kanälen, z. B. bei den Preisen, beim Sortiment, beim Vertrieb
  • Probleme in einem Kanal wirken auf das Image der anderen Vertriebskanäle

# 6.7 Kennziffern für den Onlineshop

## Grundlagen

--> Kennzahlen machen Entwicklungen und Erfolge von Online-marketingmaßnahmen messbar

--> Durch Vergleich mit den Vorjahren oder mit Durchschnitts-werten branchennaher Unternehmen können
  • Schwachstellen erkannt werden,

- zielgerichtete Anpassungen der Onlinemarketing-Strategie durchgeführt werden.

--> Es ist wichtig, nicht nur einzelne Kennzahlen zu analysieren, sondern die einzelnen Kennziffern in ihrer Gesamtheit zu sehen.

## Auswahl an Kennzahlen im Onlinemarketing

| | |
|---|---|
| **Visitors** | Anzahl der Besucher einer Website innerhalb einer bestimmten Zeiteinheit, z. B. Besucher pro Stunde |
| **Seitenaufrufe pro Besucher** | Sie zeigen die Aufrufe einer bestimmten Website innerhalb eines Internetauftritts. |
| **Absprungrate** | Sie informiert über das Besucherverhalten auf einer Website und erfasst den Anteil der Besucher mit nur einem einzigen Seitenaufruf. |
| **Conversion-Rate** | Sie zeigt die Anzahl der Website-Besucher, die eine gewünschte Transaktion durchgeführt haben, z. B. Newsletter-Abo, Bestellung. |
| **Verweildauer** | Die Aufenthaltszeit gibt Hinweise auf die Qualität einer Website. |
| **Rate der wiederkehrenden Besucher** | Sie verweist auf interessante Inhalte und Attraktivität einer Website. |
| **Anzahl der Abonnenten** | Sie zeigt, wie viele Menschen man mit Onlinemarketingmaßnahmen erreicht. |
| **Bestellungen pro Besucher** | Diese Kennzahl misst die durchschnittliche Anzahl von Bestellungen pro Besucher einer Website. |

## 6.8 Zahlungsmöglichkeiten im Onlinehandel

Kunden von Onlineshops bevorzugen häufig bestimmte Zahlungsarten. Shopumsätze hängen auch von der Anzahl der angebotenen Zahlungsarten ab. Deshalb sollte jeder Onlinehändler mehrere Zahlungsarten anbieten, um Kunden im letzten Schritt nicht noch zum Kaufabbruch zu veranlassen.

### Zwei-Faktor-Authentifizierung

Seit dem 15.03.2021 ist aufgrund einer EU-Richtline beim Onlineshopping eine „Zwei-Faktor-Identifizierung" verpflichtend. Bei der Zwei-Faktor-Authentifizierung wird der Account nicht nur durch den Login mit zugehörigem Kennwort gesichert (Wissen), sondern zusätzlich durch eine weitere Abfrage (Besitz, z.B. Smartphone, auf das eine TAN geschickt wird). Dies soll für mehr Sicherheit beim Onlineshopping sorgen.

## Auswahlkriterien für die Wahl der Zahlungsart

--> Höhe des Risikos (Zahlungsausfälle, Mahngebühren)
--> Kundenakzeptanz (Verbreitung, Sicherheit des Zahlungsmittels)
--> Kosten und Gebühren (Transaktionskosten, Kosten der Einbindung einer Zahlungsart in den Onlineshop)
--> Zielgruppe (Verschiedene Gruppen bevorzugen unterschiedliche Zahlungsmöglichkeiten, z.B. Erstkäufer/Stammkunden, jüngere und ältere Kunden)
--> Sortiment (Produktpreise, Art des Produktes)

## Klassische Zahlungsarten im Onlinehandel

--> **Zahlung auf Rechnung**
Diese Zahlungsart hat bei Kunden die höchste Akzeptanz, birgt für Händler aber ein hohes Risiko von Zahlungsausfällen, besonders bei Neukunden. Außerdem ist die Retourquote höher als bei anderen Zahlungsarten.

--> **Vorauskasse**
Hier haben Käufer beim Onlineeinkauf das größte Risiko und oft einen höheren Aufwand für die Zahlung.

--> **Zahlung per Nachnahme**
Hier bestehen sowohl für Käufer als auch für Verkäufer geringe Risiken. Für Kunden fallen aber erhebliche Mehrkosten durch Nachnahmegebühren an.

--> **Zahlung per Bankeinzug**
Dieses Verfahren ist für Händler mit relativ geringen Kosten verbunden und genießt eine hohe Kundenakzeptanz. Kunden können einer Abbuchung für einen Zeitraum von acht Wochen widersprechen. Problematisch ist, dass Käufer ihre Kontodaten offenlegen müssen.

--> **Kreditkartenzahlung**
Kreditkartenzahlungen sind im Internet Standard. Besonders wenn eine Leistung unmittelbar nach der Bezahlung möglich ist (Musikdownloads, eBooks) oder wenn beim Kauf eine Altersverifikation erforderlich ist.

## Elektronische Bezahlsysteme im Onlinehandel

Hier handelt es sich um Zahlungsarten, die speziell für den Onlinehandel entwickelt wurden.

→ **Sofortüberweisung**
Eine Sofortüberweisung funktioniert ohne zusätzliches Konto und
ohne Registrierung. Die Zahlung erfolgt schneller als bei Vorauskasse oder Banküberweisung. Kunden erhalten so auch schneller
ihre Ware. Die Käufer füllen auf der Website ein Überweisungs-
formular aus. Abgeschickt wird die Überweisung nach Eintippen
der PIN und einer TAN. Der Händler erhält eine Bestätigung, dass
das Geld verschickt wurde. Aber Nutzer müssen PIN und TAN auf
einer bankfremden Seite „sofortueberweisung.de" angeben.

→ **PayPal**
Käufer hinterlegen bei der Registrierung ihre Bank- oder Kredit-
kartendaten einmalig beim Bezahlsystem PayPal und müssen
diese künftig beim Onlineeinkauf nicht mehr angeben. Die fälligen Beträge ruft PayPal vom Kundenkonto ab und überweist
diese auf das Konto des jeweiligen Händlers. Bei Rücksen-
dungen erhalten die Kunden den Kaufpreis in der Regel bei
PayPal gutgeschrieben. Dieses Guthaben können sie entweder
für den nächsten Einkauf bei PayPal aufbewahren oder gebüh-
renfrei auf das eigene Bankkonto zurücküberweisen lassen.

→ **Amazon Payments**
Amazon-Kunden können dieses Bezahlsystem auch bei anderen
Onlinehändlern nutzen, wenn diese am Amazon-Bezahlsystem
teilnehmen. Die Zahlung wird also über das Zahlungssystem von
Amazon abgewickelt. Amazon-Kunden haben die Sicherheit, mit
einer bekannten Zahlungsvariante bezahlen zu können.

→ **paydirekt**
Hierbei handelt es sich um ein Onlinebezahlverfahren deutscher
Kreditinstitute. Kunden benötigen ein Girokonto bei einem
Kreditinstitut sowie einen Onlinebanking-Zugang. Die Zahlung
wird direkt ohne Drittanbieter über das Girokonto des Käufers
abgewickelt und an das Konto des Händlers gesendet. Onlinehändler erhalten keine Kontoinformationen. Bei Kontodeckung
erhalten die Händler nach der Eingabe eine sofortige Bestätigung der Zahlung und können die Ware verschicken Die Käufer
sehen die Abbuchungen auf ihrem Kontoauszug, im Onlineban-
king und der paydirekt-App.

--→ **Prepaidkarten**
Mit Guthabenkarten ist die Zahlung ohne die Angabe sensibler Daten möglich. Es handelt sich um eine Karte, auf der ein Guthaben gespeichert ist. Kunden können Prepaidkarten in einer Vielzahl von Ladengeschäften erwerben. Die Bezahlung eines Onlineeinkaufs erfolgt über die Eingabe der auf der Karte aufgedruckten PIN.

--→ **Mobile Payment**
Bei dieser Zahlungsform nutzen Zahlungspflichtige ihr Smartphone oder Tablet für Einkäufe in Ladengeschäften sowie im Internet. Sie scannen beim Einkauf den QR-Code einer Ware, wählen Anzahl und Produktvariation und akzeptieren die AGB des Händlers. Anschließend müssen Kunden für die Bestätigung des Kaufs eine persönliche PIN für diesen Einkaufsvorgang ein geben.

# 7 Kundenservice

## 7.1 Bedeutung von Serviceleistungen

Serviceleistungen sind ein wichtiges Instrument der Kundenbindung. Sie fördern den Absatz von Waren, bieten Argumente in Verkaufsgesprächen und schaffen Wettbewerbsvorteile gegenüber der Konkurrenz.

Serviceleistungen verursachen Kosten und müssen, wenn sie vom Kunden nicht bezahlt werden, über zusätzliche Erlöse finanziert werden.

## 7.2 Arten von Serviceleistungen

Einzelhandelsunternehmen bieten sehr unterschiedliche Serviceleistungen an. Welche Leistungen den Kunden zusätzlich zum Verkauf von Waren angeboten werden, wird vom Sortiment, der Art der angebotenen Waren und der Geschäftspolitik des Unternehmens beeinflusst.

Serviceleistungen im Einzelhandel lassen sich nach folgenden Kriterien einteilen:

## Warenunabhängige Serviceleistungen

- ⇢ Kinderbetreuung, Spielecke
- ⇢ Gepäckaufbewahrung
- ⇢ Parkplätze, Gebühren-erstattung
- ⇢ Lift, Rolltreppe
- ⇢ Sitzplätze
- ⇢ Caféteria, Restaurant
- ⇢ Kundentoilette
- ⇢ Kundenpinnwand für An- und Verkäufe

## Warenbezogene Serviceleistungen

- ⇢ Aufstellen von tech-nischen Geräten
- ⇢ Reparatur
- ⇢ Wartung
- ⇢ Änderungsservice
- ⇢ Verpackungsservice
- ⇢ Auswahlsendungen
- ⇢ telefonische Bestellung

**Serviceleistungen im Einzelhandel**

## Zahlungsbezogene Serviceleistungen

- ⇢ Kundenkarte
- ⇢ Girocard, Kreditkarte
- ⇢ Kreditkauf, Ratenkauf
- ⇢ Kreditberatung

## Nachkaufbezogene Serviceleistungen

- ⇢ Garantie
- ⇢ Kulanz
- ⇢ Umtausch

# C

# WARENWIRTSCHAFT IM EINZELHANDEL

| Einzelhandelsbetrieb | |
|---|---|
| **Beschaffungsmarkt** ┈┈▶ | **WARENWIRTSCHAFT IM EINZELHANDEL** ┈┈▶ **Absatzmarkt** |

| Kapitel 1 | Kapitel 2 | Kapitel 3 |
|---|---|---|
| ⇓ | ⇓ | ⇓ |
| **Warenwirtschaft und Warenwirtschaftssystem** | **Wareneingang** | **Warenlagerung** |
| die Bedeutung von Warenwirtschaftssystemen als wesentliche Hilfsmittel zur Steuerung und Kontrolle von Warenbewegungen erkennen | grundlegende kaufmännische und gesetzliche Faktoren bei der Warenannahme berücksichtigen | → Lagerarten, Aufgaben und Risiken kennen und grundlegende Tätigkeiten bei der Warenlagerung beachten<br>→ die wirtschaftliche Bedeutung eines Lagers beurteilen können |

# 1 Warenwirtschaft und Warenwirtschaftssystem

## 1.1 Ziele und Aufgaben der Warenwirtschaft

▶ Die **Warenwirtschaft** umfasst alle Tätigkeiten im Zusammenhang mit der Beschaffung, Lagerung und dem Absatz der Ware.

▶ Das **Warenwirtschaftssystem** liefert Informationen für die Planung, Steuerung und Kontrolle der Warenwirtschaft in einem Einzelhandelsbetrieb. Hier wird mithilfe der EDV der gesamte Waren- und Datenfluss vom Wareneingang bis zum Verkauf erfasst und verarbeitet.

| | |
|---|---|
| **Warenfluss** | umfasst die körperlichen (physischen) Warenbewegungen im Einzelhandelsunternehmen |
| **Datenfluss** | Er beschreibt die entsprechenden Informationsströme über die Ware im Unternehmen. Dabei findet zwischen den Bereichen Einkauf, Lager und Verkauf ein Datenaustausch mithilfe eines rechnergestützten Warenwirtschaftssystems statt. |

In den grundlegenden betrieblichen Bereichen Einkauf, Lager und Verkauf erfüllen Warenwirtschaftssysteme folgende Aufgaben:

| Betriebliche Bereiche | Aufgaben der Warenwirtschaft |
|---|---|
| **Beschaffung** | → artikelgenaue und zeitgenaue Erfassung der Wareneingänge<br>→ automatische Bestellungen sind möglich<br>→ bedarfsgerechtes Bestellwesen |
| **Lager** | → Erfassung sämtlicher Lagerbewegungen<br>→ Hinweise auf die Wirtschaftlichkeit der Lagerhaltung durch die Auswertung von Lagerkennzahlen<br>→ Überwachung und Optimierung der Lagerbestände<br>→ computergestützte Lagerplatzverwaltung und Lagerplatzanordnung |

| Betriebliche Bereiche | Aufgaben der Warenwirtschaft |
|---|---|
| Absatz | → artikelgenaue Erfassung der Warenausgänge an der Kasse |
| | → Erhöhung der Kassendurchgangsgeschwindigkeit |
| | → Auswertung von aktuellen Statistiken zu den Verkaufszahlen (Abverkäufe, Tages-, Wochen-, Monatsvergleiche) |

Durch die Auswertung von Daten des Warenwirtschaftssystems soll eine Optimierung von betrieblichen Entscheidungen ermöglicht werden. Dadurch können folgende Ziele erreicht werden:

→ Kostenreduzierung
→ Sicherung der Verkaufsbereitschaft
→ Hinweise für den Einsatz von marketingpolitischen Instrumenten
→ Optimierung von Transportwegen und Transportzeiten

## 1.2 Möglichkeiten der Datenerfassung

Grundlage für die Arbeit mit Warenwirtschaftssystemen ist die Erfassung von Daten. Dabei kommen folgende Instrumente der Datenerfassung im Einzelhandel zum Einsatz:

| | |
|---|---|
| Mobile Scanner | Dazu gehören Lesepistole und Lesestift. Beide erlauben die optische Erfassung des Strichcodes auf der Ware. |
| Stationäre Scanner | sind meist in die Kassentische eingebaut |
| Tastatur | für die manuelle Eingabe von Preisen an der Kasse |
| Datenkassen | → erfassen die Warenabgänge artikelgenau in Verbindung mit dem Warenwirtschaftssystem |
| | → Der Scanner erfasst nur den EAN-Code; alle wichtigen Artikeldaten sind im Warenwirtschaftssystem hinterlegt (Price-look-up-Verfahren). |
| Datenwaagen | → speichern alle notwendigen Artikelinformationen |
| | → Einsatz beim Verkauf von gewichtsabhängigen bzw. offenen Waren |

# 1.3 Warencodierung

--> Voraussetzung für das Price-look-up-Verfahren ist die Vergabe von Artikelnummern für jedes Produkt. Dabei können hauseigene Artikelnummern oder die **„Europäische Artikelnummerierung" (EAN)** verwendet werden. Es gibt keinen Unterschied zwischen der EAN (European Article Number) und der GTIN (Global Trade Item Number). Die EAN wurde im Jahr 2009 in GTIN umbenannt. Die GTIN ist eine internationale, unverwechselbare Nummer zur Kennzeichnung von Produkten. Im Sprachgebrauch der Praxis hat sich aber die Bezeichnung EAN gehalten.

**Aufbau der EAN (GTIN)**

| Ziffern | 1 | 2 | 3 | 4 | 5 | 6 | 7 | 8 | 9 | 10 | 11 | 12 | 13 |
|---------|---|---|---|---|---|---|---|---|---|----|----|----|----|
| Aussage der Ziffern | Kennzeichnung des Herkunftslandes | | Kennzeichnung des Herstellers | | | | | Artikelnummer des Herstellers | | | | | Prüfziffer für die Lesesicherheit beim Scannen |

# 1.4 Datensicherung

Darunter versteht man alle Maßnahmen gegen Verlust, Verfälschung und Missbrauch von Daten. Dazu bieten sich folgende Möglichkeiten an:

--> Einsatz von Datenadministratoren, die für die Datensicherung verantwortlich sind

--> regelmäßige Sicherheitskopien auf unterschiedlichen Datenträgern

--> Sicherheitskonzepte für Cloud-Lösungen

# 1.5 Datenschutz

Der betriebliche Datenschutz umfasst alle Maßnahmen von Einzelhandelsunternehmen zum Schutz personenbezogener Daten vor Missbrauch bei Übertragung, Weitergabe und Zugriff.

**Gesetzliche Grundlage**

Die europäische Datenschutzgrundverordnung (DSGVO) regelt die Erhebung, Verarbeitung und Nutzung von personenbezogenen Daten. Es dient dem Schutz der Bürger vor Missbrauch ihrer persönlichen Daten. Zu den personenbezogenen Daten gehören:

--> Einzelangaben über persönliche Verhältnisse wie Alter, Bildung, Krankheiten

--→ Daten über sachliche Verhältnisse von natürlichen Personen wie Vermögen oder Schulden

## Datengeheimnis

Allen Personen, die Zugriff auf personenbezogene Daten haben, ist die unbefugte Nutzung und Weitergabe dieser Daten untersagt.

## Rechte der betroffenen Bürger

--→ **Auskunft** über Art und Zweck der gespeicherten Daten
--→ **Berichtigung** von falsch gespeicherten Daten
--→ **Löschung** von unzulässig gespeicherten Daten

## Maßnahmen für den Datenschutz

--→ **Zutrittskontrolle:** Datenverarbeitungsanlagen, die personenbezogene Daten verarbeiten, dürfen nur von befugten Personen betreten werden.
--→ **Zugangskontrolle:** Der Zugang von Unbefugten in die Datenverarbeitungsysteme ist durch entsprechende Kontrollmechanismen zu verhindern.
--→ **Zugriffskontrolle:** Es ist zu gewährleisten, dass Berechtigte zur Benutzung eines DV-Systems ausschließlich auf berechtigte Daten zugreifen können. Das beinhaltet, dass personenbezogene Daten bei der Verarbeitung, Nutzung und nach der Speicherung nicht unbefugt gelesen, kopiert, verändert und entfernt werden können.
--→ **Weitergabekontrolle:** Es ist zu gewährleisten, dass personenbezogene Daten bei der elektronischen Übertragung oder während ihres Transports oder ihrer Speicherung auf Datenträger nicht von Unbefugten gelesen, kopiert, verändert oder entfernt werden können. Darüber hinaus muss überprüft und festgestellt werden können, an welche Stellen eine Übermittlung personenbezogener Daten durch Einrichtungen zur Datenübertragung vorgesehen ist.
--→ **Eingabekontrolle:** Eingaben sind so zu erfassen, dass nachträglich überprüft und festgestellt werden kann, ob und von wem personenbezogene Daten in Datenverarbeitungssysteme eingegeben, verändert oder entfernt worden sind.
--→ **Auftragskontrolle:** Im Auftrag verarbeitete, personenbezogene Daten dürfen nur entsprechend der Weisungen des Auftraggebers verarbeitet werden.

--> **Verfügbarkeitskontrolle:** Personenbezogene Daten sind durch entsprechende Maßnahmen gegen Verlust oder zufällige Zerstörung zu schützen.

--> **Trennungsgebot:** Daten, die zu unterschiedlichen Zwecken erhoben werden, müssen getrennt verarbeitet werden können. Dies ist durch entsprechende Maßnahmen sicherzustellen.

# 2 Wareneingang

Alle Kaufleute sind verpflichtet, beim Wareneingang unverzüglich eine Wareneingangskontrolle durchzuführen. Dabei sind folgende Punkte zu berücksichtigen:

| Äußere Prüfung der Warensendung | Inhaltliche Prüfung der Warensendung |
|---|---|
| --> sofortige Prüfung in Anwesenheit des Frachtführers<br><br>--> Kontrolle der Anschrift auf dem Lieferschein<br><br>--> Ist die Verpackung unbeschädigt?<br><br>--> Entsprechen Anzahl und Gewicht der Versandstücke den Angaben auf Lieferschein und Bestellung?<br><br>--> Entspricht die gelieferte Ware den Angaben auf Lieferschein und Bestellung? | --> Prüfung unverzüglich, d. h. ohne schuldhafte Verzögerung<br><br>--> Kontrolle der Warenmenge, Qualität, Art und Beschaffenheit<br><br>--> Vergleich mit den Angaben des Lieferscheins und der Bestellkopie<br><br>--> Mängel dem Lieferer unverzüglich mitteilen |
| Beanstandungen vom Frachtführer schriftlich bestätigen lassen oder die Annahme verweigern | § 377 HGB: Kaufleute sind verpflichtet, die Ware unverzüglich zu prüfen und Mängel unverzüglich dem Verkäufer anzuzeigen. Ansonsten gilt die Ware als genehmigt. |

# 3 Warenlagerung

## 3.1 Aufgaben der Lagerhaltung

In Einzelhandelsunternehmen kommt der Warenlagerung eine besondere Bedeutung zu. Sie soll insbesondere folgende Aufgaben erfüllen:

| | |
|---|---|
| **Verkaufsbereit-schaft sichern** | Die Vorratshaltung soll Schwankungen der Nachfrage ausgleichen. |
| **Zeitliche Überbrückung** | Das Lager ermöglicht einen zeitlichen Ausgleich zwischen Beschaffung und Verkauf. |
| **Ausnutzung von Preisvorteilen** | Die Lagerhaltung ermöglicht Preisvorteile durch Rabatte beim Einkauf größerer Mengen und bei der Warenbeschaffung zu Zeiten niedriger Preise. |
| **Umformung und Pflege** | Die Ware wird durch Umpack-, Sortier-, Umfüll- und Mischvorgänge in einen verkaufsfähigen Zustand gebracht. |
| **Veredelung** | Durch die Lagerhaltung wird die Qualität der Ware erhöht. |

## 3.2 Anforderungen an ein Lager

Um die oben genannten Aufgaben erfüllen zu können, muss im Lager besonders auf die folgenden Kriterien geachtet werden:

| | |
|---|---|
| **Warengemäße Lagerung** | Einflüsse von Licht, Temperatur, Feuchtigkeit, Austrocknung, Schädlingen, Staub beachten |
| **Geräumigkeit** | Das Lager muss genügend Raum bieten, um alle notwendigen Lagerarbeiten ungestört ausführen zu können. |
| **Übersichtlichkeit** | Die gesuchte Ware muss ohne Verzögerungen auffindbar sein. |
| **Sachgerechte Lagereinrichtung** | Anpassung der Lagerausstattung an die Ware und an die Bedürfnisse des Lagerpersonals |
| **Sicherheit** | Schutz vor Brand, Wasser, Diebstahl und Unfällen |

## 3.3    Lagerarten

Ein Lager ist der Ort, an dem die Ware auf Vorrat aufbewahrt wird. In Einzelhandelsgeschäften unterscheidet man zwei Lagerarten:

| Verkaufs-lager | --» sind die Verkaufsräume eines Einzelhandelsgeschäftes<br>--» Wichtig ist, die Ware verkaufswirksam anzuordnen. |
|---|---|
| Reserve-lager | --» meist in der Nähe der Verkaufsräume<br>--» dient zur schnellen Ergänzung der Bestände im Verkaufslager<br>--» Waren, die erst ausgepackt, geprüft, ausgezeichnet werden müssen<br>--» Saisonware und Ware, die selten verlangt wird |

## 3.4    Lagerrisiken

Die Vorratshaltung von Waren birgt für Einzelhändler bestimmte Risiken. Diese verursachen Kosten und sollten deshalb möglichst gering gehalten werden.

- --» Änderungen des Kundengeschmackes
- --» Ware läuft Gefahr, durch technischen Forschritt zu veralten
- --» Schwund infolge von Verderb, Ablauf des Verfallsdatums, Verdunsten, Vertrocknen, Diebstahl
- --» Saisonwechsel mit Auswirkungen auf die Verkäufe der Ware
- --» Preisschwankungen beim Wareneinkauf

Zum Schutz der im Lager arbeitenden Beschäftigten müssen die **Unfallverhütungsvorschriften** der jeweiligen Berufsgenossenschaften beachtet werden. Sie senken das Risiko von Arbeitsunfällen und sollen helfen, Berufskrankheiten zu verhindern. Die Einhaltung der Vorschriften wird von der zuständigen Berufsgenossenschaft überwacht. Bei Verstößen drohen den Unternehmen Sanktionen wie z. B. Geldbußen.

## 3.5 Lagerbestandsarten

| | |
|---|---|
| **Mindest-bestand** | → ist eine eiserne Reserve, die im normalen Geschäftsablauf nicht angegriffen werden soll<br><br>→ dient der Sicherung der Verkaufsbereitschaft bei unerwarteten Fällen wie Streiks, unvorhergesehener Nachfrage, Lieferstörungen |
| **Meldebestand** | → Wird dieser Bestand erreicht, muss der Einzelhändler nachbestellen, damit der Mindestbestand bei normaler Nachfrage nicht angegriffen werden muss.<br><br>→ Meldebestand = (Tagesabsatz · Lieferzeit) + Mindestbestand |
| **Höchstbestand** | → gibt an, welche Menge an Artikeln aus technischen oder wirtschaftlichen Gründen höchstens auf Lager sein darf<br><br>→ soll zu hohe Lagerbestände und die damit verbundenen Lagerkosten vermeiden |

## 3.6 Lagerkosten

Die Lagerung von Waren verursacht hohe Kosten für Einzelhandelsunternehmen. Lagerkosten fallen in folgenden Bereichen an:

| Lagerbestände | Lagerausstattung | Lagerverwaltung |
|---|---|---|
| → Zinsverluste für das in den Lagerbeständen gebundene Kapital<br><br>→ Prämien für Versicherung der Lagerbestände<br><br>→ Wertverluste durch Schwund, Diebstahl, Verderb | → Lagermiete<br><br>→ Reparaturen, Strom, Heizung<br><br>→ Abschreibungen auf Lagergebäude und Lagereinrichtungen<br><br>→ Zinsen für das in Lagerräume und Lagerausstattung investierte Kapital | → Löhne und Gehälter der Lagermitarbeiter<br><br>→ Büromaterial<br><br>→ EDV-Ausstattung |

# 3.7 Lagerkennzahlen

Lagerkennzahlen sind eine Hilfe, die Wirtschaftlichkeit des Lagers zu kontrollieren, und dienen der Überwachung der Lagerkosten. Dies wird möglich durch einen

a) **Soll-Ist-Vergleich** der von der Führung vorgegebenen Daten (= Soll) mit den tatsächlich erreichten Werten (= Ist) oder einen

b) **Zeitvergleich** der aktuellen Kennzahlenwerte mit den Daten vergangener Abrechnungszeiträume.

| | |
|---|---|
| Durchschnittlicher Lagerbestand | $= \dfrac{\text{Jahresanfangsbestand} + 12 \text{ Monatsendbestände}}{13}$ <br><br> gibt an, wie hoch der Vorratsbestand in Stück bzw. Euro in einem Jahr durchschnittlich war (liegen weniger Monatsendbestände vor, muss die Formel entsprechend angepasst werden) |
| Umschlagshäufigkeit | $= \dfrac{\text{Jahresabsatz}}{\text{durchschnittlicher Lagerbestand}}$ <br><br> zeigt, wie oft in einem Jahr der durchschnittliche Lagerbestand verkauft wurde |
| Durchschnittliche Lagerdauer | $= \dfrac{360}{\text{Umschlagshäufigkeit}}$ <br><br> gibt an, wie lange die Ware im Durchschnitt auf Lager ist, bis sie verkauft wird |
| Lagerzinssatz | $= \dfrac{\text{Jahreszinssatz} \cdot \text{durchschnittliche Lagerdauer}}{360}$ <br><br> Das im Lager gebundene Kapital würde als Geldanlage bei einer Bank Zinsen bringen. Je höher der Lagerzinssatz, desto größer ist der Zinsverlust durch das gebundene Kapital. |
| Lagerzinsen | $= \dfrac{\text{durchschnittl. Lagerbestand in EUR} \cdot \text{Lagerzinssatz}}{100}$ <br><br> gibt die Kosten für das im Lager gebundene Kapital an |

## 3.8 Maßnahmen zur Verbesserung der Lagerkennzahlen

Eine höhere Umschlagshäufigkeit bzw. eine Verkürzung der Lagerdauer kann erreicht werden durch:

⇢ Festlegung von Höchstbeständen
⇢ Straffung des Warenangebotes
⇢ Kontrolle und Überwachung der Lagerbestände
⇢ Abbau von Ladenhütern
⇢ Senkung der Mindestbestände
⇢ Förderung des Absatzes durch geeignete Marketingmaßnahmen

▶ **Ein geringerer durchschnittlicher Lagerbestand führt zu einer geringeren Kapitalbindung und senkt die Lagerzinsen.**

## 3.9 Hilfsmittel im Lager

Ein EDV-gestütztes Warenwirtschaftssystem gehört zu den wichtigsten Hilfsmitteln der Lagerverwaltung. Es ermöglicht eine **automatische Lagerung.** Darunter versteht man die automatische Erfassung und Steuerung der Lagervorgänge mithilfe der EDV. Warenwirtschaftssysteme liefern dabei Informationen und unterstützen folgende Arbeitsabläufe:

| | |
|---|---|
| **Erfassung der Wareneingangs-daten** | ⇢ Buchung des Wareneingangs |
| | ⇢ Art und Menge der Ware, Lieferer, Differenzen zwischen Bestellung und Lieferung |
| | ⇢ laufende Terminüberwachung der offenen Bestellungen |
| **Lagerplatz-verwaltung** | ⇢ Zuweisung von Lagerplätzen im Reservelager in Abhängigkeit von der Lagerplatzzuordnung: |
| | • **feste Lagerplatzzuordnung:** Jeder Artikel hat seinen festen Lagerort. |
| | • **chaotische Lagerplatzzuordnung:** Jede Ware wird dort gelagert, wo gerade ein freier Platz ist. |
| | ⇢ Überwachung der Warenbewegungen im Lager |
| | ⇢ artikelgenaue Führung der Lagerbestände |
| | ⇢ Darstellung und Auswertung von Lagerstatistiken |
| | ⇢ Ermittlung und Auswertung von Lagerkennzahlen |

| | |
|---|---|
| **Computergestützter Warenausgang** | → Erfassung der Warenentnahmen aus dem Reservelager in den Verkaufsraum |
| | → Erstellung von Lieferscheinen bei Auslieferungen an den Kunden |
| | → Tourenplanung über die EDV erleichtert die Transportabwicklung |
| **Warenkontrolle durch Inventur** | → Druck der Inventuraufnahmelisten |
| | → Erfassung der Bestände mittels Barcodelesegeräten |
| | → Korrektur der Buchbestände |
| | → Druck der Inventurlisten |

## 3.10 Tätigkeiten im Lager

### Einlagerung der Ware

→ mangelfreie Ware auszeichnen und dem Verkaufs- oder Reservelager zuführen
→ Erfassung von Wareneingangsdaten (Art und Menge der Ware, Lieferer, Abweichungen zur Bestellung) im Wareneingangsbuch oder im Warenwirtschaftssystem
→ Die Einlagerung der Ware gemäß Lagerplan kann nach folgenden Einlagerungsgesichtspunkten vorgenommen werden. Dabei sind auch die Grundsätze der Warenpräsentation und Warenplatzierung zu beachten.
  • Ordnung nach Warengruppen
  • Lagerung nach dem Preis der Ware
  • Einlagerung nach der Zugriffshäufigkeit der Artikel
  • Ordnung nach Bedarfsbündeln
  • Einlagerung nach der Reihenfolge der Warenausgabe:
    – **Fifo-Methode** (**f**irst **i**n **f**irst **o**ut): Neue Ware wird hinter der alten einsortiert.
    – **Lifo-Methode** (**l**ast **i**n **f**irst **o**ut): Die zuletzt eingelagerte Ware wird zuerst wieder ausgelagert.

### Warenpflege und Warenmanipulation

→ die Artikel warengerecht lagern
→ Ware in einen verkaufsfertigen Zustand versetzen
→ die Verwendungsreife der Waren erhöhen bzw. erhalten

## Auslagerung der Ware

--→ bei Bedarf Ware aus dem Reservelager in das Verkaufslager überführen

--→ Warenentnahmen im Warenwirtschaftssystem erfassen, damit die Lagerbestände aktualisiert werden

--→ Die Erfassung von Warenentnahmen durch die Kunden im Verkaufsraum erfolgt automatisch beim Verkauf an der Kasse.

## Lagerkontrolle durch Inventur

▶ Inventur ist die art-, mengen- und wertmäßige Bestandsaufnahme aller Vermögensteile und Schulden.

▶ Alle Kaufleute müssen zu Beginn des Handelsgewerbes ihr Vermögen und ihre Schulden feststellen und regelmäßig mindestens einmal im Geschäftsjahr eine Inventur durchführen.

## Inventurarten

| Körperliche Inventur | Buchinventur |
|---|---|
| Durch Messen, Zählen, Wiegen erfolgt eine Bestandsaufnahme aller körperlichen Gegenstände. | Ermittlung der Bestände des nicht körperlichen Vermögens und der Schulden aus den Daten der Finanzbuchhaltung |

| Stichtagsinventur | Zeitlich verlegte Inventur | Permanente Inventur |
|---|---|---|
| --→ Inventur zum Bilanzstichtag am Ende des Geschäftsjahres <br><br> --→ zeitnahe Durchführung +/− 10 Tage vor oder nach dem Bilanzstichtag <br><br> --→ Bestandsveränderungen zwischen dem Tag der Bestandserfassung und dem Bilanzstichtag werden fortgeschrieben bzw. zurückgerechnet. | --→ bis zu drei Monate vor bzw. zwei Monate nach dem Bilanzstichtag <br><br> --→ Bestandsveränderungen zwischen dem Tag der Bestandserfassung und dem Bilanzstichtag werden fortgeschrieben bzw. zurückgerechnet. | --→ Ermittlung der Vermögensbestände aus Lager- und Anlagekarteien <br><br> --→ Überprüfung der Werte der Lager- und Anlagekarteien einmal im Jahr durch körperliche Bestandsaufnahme <br><br> --→ Voraussetzung ist, dass alle Zu- und Abgänge in den Karteien erfasst werden. |

## Ablauf von Inventurarbeiten

| Inventur-vorbereitung | --→ Inventuranweisungen für alle Unternehmens-bereiche erstellen und die Aufnahmevor-schriften festlegen:<br>• Termin<br>• Unternehmensbereiche<br>• durchführende Personen<br>• Hilfsmittel wie Erfassungsvordrucke und Aufnahmegeräte |
|---|---|
| Inventur-durchführung | --→ Zählen, Messen, Wiegen der Warenbestände<br>--→ Erfassung bzw. Eingabe der ermittelten Ist-Werte |
| Auswertung der Inventur-ergebnisse | --→ Feststellung von Differenzen von Soll- und Ist-Werten<br>--→ Anpassung der Soll-Bestände an die ermittel-ten Werte<br>--→ Analyse der Gründe von Inventurdifferenzen<br>• Erfassungsfehler bei der Bestands-aufnahme<br>• Fehler bei der Eingabe von Zugängen, Verderb, Bruch, Verkäufen in das Waren-wirtschaftssystem<br>• Diebstahl<br>--→ Maßnahmen zur Vermeidung von Inventur-differenzen ableiten<br>• Diebstahlschutz<br>• Schulung des Personals<br>• Inventar aus den Ergebnissen der Inventur erstellen |

# D

# EINZELHANDELSPROZESSE

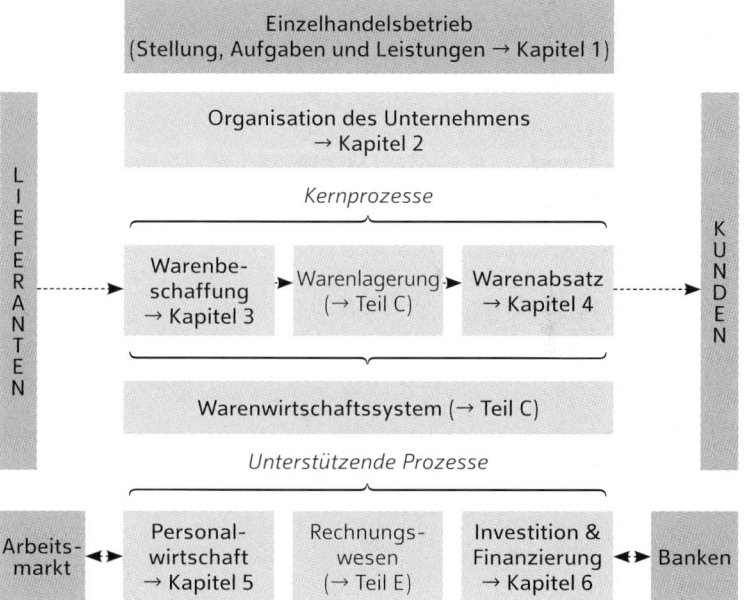

RECHTLICHE UND VOLKSWIRTSCHAFTLICHE
RAHMENBEDINGUNGEN (TEIL A)

Einzelhandelsbetrieb
(Stellung, Aufgaben und Leistungen → Kapitel 1)

Organisation des Unternehmens
→ Kapitel 2

L I E F E R A N T E N

*Kernprozesse*

Warenbe-
schaffung
→ Kapitel 3

Warenlagerung
(→ Teil C)

Warenabsatz
→ Kapitel 4

K U N D E N

Warenwirtschaftssystem (→ Teil C)

*Unterstützende Prozesse*

Arbeits-
markt

Personal-
wirtschaft
→ Kapitel 5

Rechnungs-
wesen
(→ Teil E)

Investition &
Finanzierung
→ Kapitel 6

Banken

# 1 Stellung, Aufgaben und Leistungen des Einzelhandels

## 1.1 Stellung und Aufgaben

Die grundlegende volkswirtschaftliche Bedeutung des Einzelhandels liegt in der Versorgung der Endverbraucher mit Waren. Bei der Beschaffung und dem Absatz von Waren erfüllt der Einzelhandel folgende Kerntätigkeiten:

| | |
|---|---|
| **Waren-beschaffung** | Wareneinkauf in größeren Mengen beim Großhandel und bei den Herstellern |
| **Waren-bereitstellung** | Lagerung der eingekauften Produkte und Angebot eines kundengerechten Warensortiments |
| **Warenabsatz** | Verkauf der Waren in kleineren Mengen und Beratung der Kunden |

## 1.2 Leistungen

Einzelhandelsbetriebe bieten ihren Kunden und den Lieferanten folgende Leistungen:

| | |
|---|---|
| **Sortiments-bildung** | Aus dem Angebot der Hersteller wird ein Sortiment zusammengestellt, welches den Bedürfnissen der Endverbraucher entspricht. |
| **Beratung und Service** | → Weitergabe von Informationen über Beschaffenheit, Qualität, Verwendung der Waren an die Kunden<br>→ Kundendienstleistungen (Service) erleichtern den Kunden den Wareneinkauf. |
| **Lagerhaltung** | → Übernahme der Vorratshaltung für die Verbraucher<br>→ Veredelung von Waren durch Reifen, Mischen, Rösten |
| **Waren-verteilung** | Kauf von größeren Warenmengen und Weiterverkauf in haushaltsgerechten Mengen an die Endverbraucher |

| Markt-beobachtung | Weitergabe von Informationen über Änderungen der Einkommensverhältnisse, Qualitätsansprüche, Verbraucherbedürfnisse oder des Kundenverhaltens an die Hersteller |
|---|---|
| Absatz-förderung | Produkte von Herstellern werden durch verschiedene Maßnahmen des Einzelhandels (Verkaufsförderung, Werbung, Warenplatzierung, Empfehlungen im Verkaufsgespräch) bekannt gemacht und der Verkauf gefördert |
| Finanzierung | Kunden erhalten beim Kauf in Verbindung mit darauf spezialisierten Kreditinstituten die Möglichkeit von Ratenkrediten und Zahlungszielen |

# 2 Organisation

## 2.1 Grundbegriffe

**Improvisation:** fallweise Regelungen, die ungeplant und spontan in plötzlich auftretenden Situationen getroffen werden

**Disposition:** fallweise Regelungen, die im Rahmen einer Dauerregelung getroffen werden

**Organisation:** zielorientiertes Gesamtsystem von Dauerregelungen im Hinblick auf den Aufbau des Unternehmens (Aufbauorganisation) und den Ablauf der Unternehmensprozesse (Ablauforganisation)

## 2.2 Aufbauorganisation

### Grundfragen der Aufbauorganisation

-→ Wie sind die Aufgaben gegliedert?
-→ Welche Stellen sollen gebildet werden?
-→ Wer kann wem Weisungen erteilen?
-→ Wie ist die Unternehmenshierarchie aufgebaut? ⇒ Organigramm

### Ablauf bei der Entwicklung einer Aufbauorganisation

1. Phase: Aufgabengliederung (Aufgabenanalyse)
   Die Gesamtaufgabe des Betriebes wird in sinnvolle Einzelaufgaben gegliedert.

2. Phase: Stellenbildung (Aufgabensynthese)
   Zusammengehörende Einzelaufgaben werden zu Tätig-
   keitsbereichen (Stellen) zusammengefasst, die von einer
   Person (Stelleninhaber) erfüllt werden können.
3. Phase: Abteilungsbildung
   Inhaltlich zusammengehörende Stellen werden unter
   einer Leitung zu einer Abteilung zusammengefasst.
4. Phase: Entwicklung einer Unternehmenshierarchie
   Für jede Stelle wird festgelegt, welche Stellen über- und
   untergeordnet sind (Leitungs- und Weisungssystem).

## Stellenarten

→ **ausführende Stellen:** Stellen, die keine Leitungsbefugnisse
  besitzen (z. B. Sachbearbeiter, Schreibkraft)
→ **Instanzen (Weisungsstellen):** Stellen, die Anordnungs- und
  Entscheidungsbefugnisse gegenüber rangniedrigeren Stellen
  haben (z. B. Geschäftsführer, Abteilungsleiter)
→ **Stabsstellen:** nicht weisungsberechtigte, beratende, meist von
  Expert/-innen besetzte Hilfsstellen der Instanzen, die Entschei-
  dungen der Instanzen vorbereiten

## Abteilungsgliederungsprinzipien

Abteilungsgliederung **nach Objekten** (**Beispiel:** *Abteilung Lebensmittel, Kleidung, Elektronik usw.*)

Abteilungsgliederung **nach Verrichtungen** (**Beispiel:** *Einkauf, La-
gerhaltung, Verkauf, Rechnungswesen*)

## Leitungssysteme

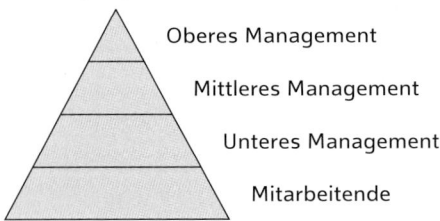

Oberes Management

Mittleres Management

Unteres Management

Mitarbeitende

## Einliniensystem

→ Für jede Stelle gibt es nur eine übergeordnete Stelle, die
  Weisungen erteilt.

--> Eine untergeordnete Stelle gibt Meldungen/Vorschläge nur an die unmittelbar übergeordnete Stelle weiter.

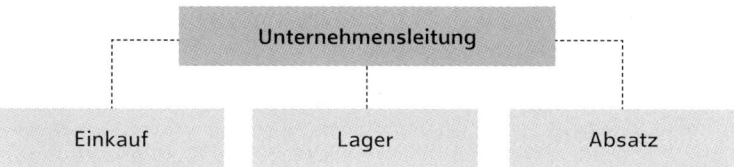

### Mehrliniensystem

Mindestens eine untergeordnete Stelle erhält Weisungen von mehreren übergeordneten Stellen.

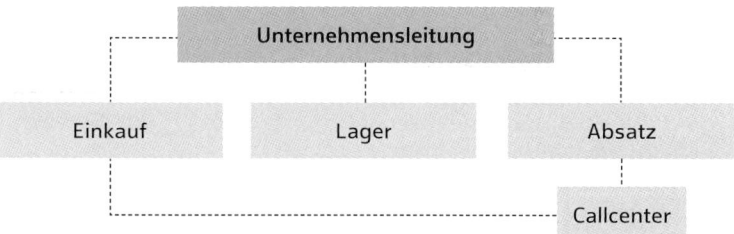

### Stabliniensystem

Der Unternehmensaufbau beinhaltet Stabsstellen, die die Linienstellen entlasten.

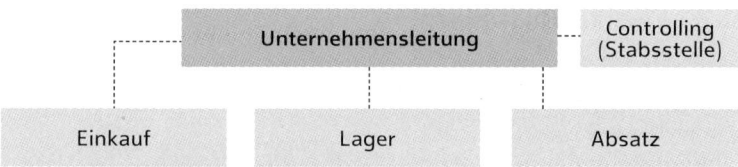

### Matrixorganisation

--> Kombination zweier gleichberechtigter Hierarchieebenen: funktionsorientierte Organisation (z. B. Abteilung Einkauf) und produktorientierte Organisation (z. B. Produktmanager)
--> Weiterentwicklung des Mehrliniensystems, da jede Teilfunktion von zwei Entscheidungslinien beeinflusst wird

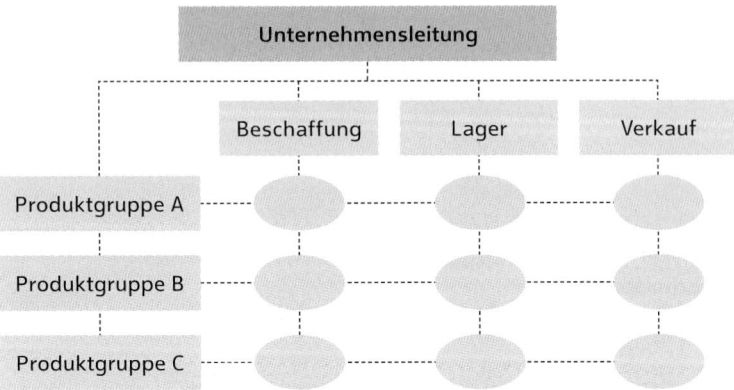

| Vorteile | Nachteile |
|---|---|
| → Förderung der Teamarbeit | → Gefahr von Kompetenzstreitigkeiten |
| → Entlastung der Unternehmensleitung | → langwierige Abstimmungsprozesse notwendig |
| → Verbesserung der Qualität von Problemlösungen durch das Einbringen verschiedener Denkansätze | |

## 2.3 Ablauforganisation

▶ Unter Ablauforganisation versteht man die Gestaltung der Arbeitsprozesse zur Erfüllung betrieblicher Teilaufgaben.

### Ziele der Ablauforganisation

→ optimale Auslastung der Kapazitäten (Arbeitskräfte und Betriebsmittel)
→ Minimierung der Durchlaufzeiten (= Zeit zur Abwicklung der Arbeitsprozesse)

### Dilemma der Ablauforganisation

Es ergeben sich Zielkonflikte bei dem Versuch, beide Ziele der Ablauforganisation gleichzeitig zu erreichen.

## Aufgaben der Ablauforganisation

Die Ablauforganisation gestaltet die Arbeitsabläufe im Hinblick auf

→ den Arbeitsinhalt (Was ist im Einzelnen zu machen?),
→ die Arbeitszeit (Wie lange dauert es?),
→ den Arbeitsraum (Wo wird es gemacht?),
→ die Arbeitszuordnung (Wer macht was?).

# 3 Beschaffung[1]

## 3.1 Bedarfsermittlung und Planung des Sortiments

Der Bedarf der Kunden bildet die Grundlage für die Warenbeschaffung in Einzelhandelsbetrieben. Ein Einzelhandelsunternehmen steht also vor der Aufgabe, Art, Qualität und Menge der von den Kunden zu einem bestimmten Zeitpunkt benötigten Waren zu bestimmen. Dazu stehen folgende Orientierungsmöglichkeiten zur Verfügung:

→ Umsatz- und Absatzstatistiken vergangener Perioden aus dem Warenwirtschaftssystem
→ Anfragen von Kunden
→ Berichte des Verkaufspersonals
→ Verbandsmitteilungen und Berichte in Fachzeitschriften über neue technische Entwicklungen und Modetrends
→ statistische Daten zu Alter, Geschlecht, Ausbildung, Einkommen, Kaufgewohnheiten von Nachfragenden
→ Analyse von Verkaufsdaten

Moderne Kassensysteme ermöglichen es dem Einzelhandelsunternehmen, im Warenwirtschaftssystem Verkaufsdaten zu erfassen über:

| | |
|---|---|
| → Waren: | Verkaufszahlen eines Artikels oder von Warengruppen |
| → Zahlungsmittel: | Anteil der Zahlungen mit Kundenkarte |
| → Personal: | Bedienungszeiten, verkaufte Artikel pro Kunde, Umsätze |
| → Kunden: | Einzugsgebiet des Geschäftes |

---

[1] siehe dazu auch Kapitel C Warenwirtschaft im Einzelhandel

## 3.2 Optimale Bestellmenge

Ein Grundproblem im Rahmen der Einkaufsplanung ist, einen Ausgleich zu finden zwischen den Kosten eines zu hohen Lagerbestandes und Problemen mit der Verkaufsbereitschaft, wenn die Lagerbestände zu gering sind.

| Vorteile hoher Bestellmengen | Nachteile einer zu hohen Bestellmenge |
|---|---|
| --> weniger Lieferungen, dadurch geringere Transportkosten<br>--> Mengenrabatte<br>--> hohe Verkaufsbereitschaft | --> hohe Lagerkosten (Energiekosten, Raumkosten)<br>--> Kosten für das im Lager gebundene Kapital<br>--> höheres Lagerrisiko (Modewechsel, Verderb, Veraltern) |

Einzelhandelsbetriebe streben nach einer **optimalen Bestellmenge.** Hier sind die Nachteile eines zu hohen bzw. eines zu geringen Lagerbestandes ausgeglichen. Rein rechnerisch betrachtet ist die Bestellmenge dann optimal, wenn die Gesamtkosten (= Bestellkosten + Lagerkosten) am niedrigsten sind.

## 3.3 Limitrechnung

--> Die Limitrechnung ist ein Instrument der Einkaufsplanung und kann zur Bestimmung der Einkaufsmenge angewandt werden.

--> Ein Limit gibt an, für welchen Betrag bzw. bis zu welcher Menge in einem bestimmten Zeitabschnitt Waren einer Warengruppe eingekauft werden dürfen.

--> Der Einsatz der Limitrechnung ermöglicht eine Planung und Kontrolle der finanziellen Verhältnisse im Beschaffungsbereich.

--> Das Warenwirtschaftssystem stellt die notwendigen Daten für die Limitplanung zur Verfügung.

## Durchführung der Limitrechnung

| Bruttolimit | Planverkäufe einer Warengruppe zu Einkaufs- preisen |
|---|---|
| + Lageraufbau | geplante Erhöhung des Lagerbestandes |
| – Lagerabbau | geplante Senkung des Lagerbestandes |
| = Nettolimit | Limit ohne Sicherheitsreserve |
| – Limitreserve | geplant aus Sicherheitsgründen oder für Nach- bestellungen |
| freies Limit | Betrag, für den im Rahmen vorhersehbarer Be- stellungen eingekauft werden darf |

### Limitkontrolle

Die Limitkontrolle ist ein Hilfsmittel zur Eindämmung des Beschaf- fungsrisikos. Sie hat insbesondere folgende Aufgaben:

→ Kontrolle, dass die vorgegebenen Limits eingehalten werden
→ Anpassung der Limits bei Änderungen wie Nachfrage- steigerungen

## 3.4 Optimaler Bestellzeitpunkt

Ziel der Zeitplanung ist es, die Waren zum optimalen Zeitpunkt zu beschaffen, d.h., dass

a) die Waren nicht zu spät beschafft werden, damit es nicht zu Verkaufsengpässen und damit zu Gewinneinbußen oder Imageverlusten kommt.
b) die Waren nicht zu früh beschafft werden, um unnötige Lagerkosten zu vermeiden.

### Methoden zur Ermittlung des Bestellzeitpunktes

| Bestellrhythmusverfahren | Bestellpunktverfahren |
|---|---|
| Die Bestellung erfolgt in regel- mäßigen Zeitabständen, ins- besondere bei Waren mit einem annähernd gleichen Absatz. | Die Ware wird immer dann bestellt, wenn der **Meldebestand** erreicht ist. |

## Weitere Einflussgrößen zur Bestimmung des Bestellzeitpunktes

-→ Haltbarkeit der Ware
-→ bisheriger Absatz
-→ Lieferzeiten
-→ Liquiditätssituation

-→ saisonale Bedingungen
-→ Preisentwicklungen
-→ Lagermöglichkeiten

## 3.5 Bezugsquellenermittlung

Die Frage „Wo soll bestellt werden?" bildet einen wichtigen Bestandteil der Beschaffungsplanung. Man unterscheidet:

| Interne Informationsmöglichkeiten für Bezugsquellen | Externe Informationsmöglichkeiten für Bezugsquellen |
|---|---|
| -→ Lieferantendatei des Warenwirtschaftssystems<br>-→ Artikeldatei des Warenwirtschaftssystems<br>-→ Berichtswesen im Rahmen des betrieblichen Controllings | -→ Internet<br>-→ Fachzeitschriften, Kataloge, Prospekte<br>-→ Ausstellungen und Messen<br>-→ Institutionen wie die IHK, Wirtschaftsverbände, Großhändler, Kreditinstitute<br>-→ „Gelbe Seiten"<br>-→ „Wer liefert was?"<br>-→ „ABC der Deutschen Wirtschaft" |

## 3.6 Anfrage

### Wirtschaftliche und rechtliche Bedeutung

Eine Anfrage dient der Anbahnung von Geschäften und ist rechtlich unverbindlich.

### Formen der Anfrage

| Allgemeine Anfragen | Spezielle Anfragen |
|---|---|
| Anfragen nach allgemeinen Informationsmaterialien wie Katalogen, Mustern, Preislisten | Bitte um genaue Informationen über konkrete Artikel, Liefertermine, Liefer- und Zahlungsbedingungen etc. |

# 3.7    Angebot und Angebotsvergleich

### Wirtschaftliche und rechtliche Bedeutung

▶ Angebote richten sich an eine bestimmte Person oder Gruppe von Personen (z. B. Schulklassen). Sie sind **rechtlich bindend**.

### Kriterien des Angebotsvergleiches

Angebotsvergleiche dienen der Auswahl geeigneter Lieferanten. Wichtige Beurteilungskriterien sind:

| **Bezugs-/Einstandspreis**; dieser wird mit dem folgenden Schema berechnet: | **qualitative Kriterien wie:** |
|---|---|
| **Listeneinkaufspreis** | ⇢ Qualität der angebotenen Ware |
| – Lieferrabatt | ⇢ Mindestabnahmemengen |
| = **Zieleinkaufspreis** | ⇢ mögliche Liefermengen |
| – Liefererskonto | ⇢ Liefertermin und Lieferzeit |
| = **Bareinkaufspreis** | ⇢ Zuverlässigkeit des Lieferanten |
| + Bezugskosten (Verpackungs-kosten, Transportkosten, Transportversicherung, Zölle u. Ä.) | ⇢ Kundendienst und Service-leistungen |
| | ⇢ Verhalten bei Reklamationen |
| = **Bezugspreis** | ⇢ Flexibilität (z. B. bei Änderungen der Bestellmenge) |

# 3.8    Bestellung

Eine Bestellung ist wie ein Angebot **rechtlich bindend**. Im Hinblick auf das Zustandekommen von Kaufverträgen unterscheidet man folgende Möglichkeiten:

1. Entspricht eine Bestellung dem vorausgegangenen Angebot, kommt ein Kaufvertrag zustande.
2. Weicht die Bestellung von einem vorausgegangenen Angebot ab, gilt die Bestellung als neuer Antrag, der erst vom Lieferanten angenommen werden muss.
3. Eine verspätete Bestellung oder eine Bestellung ohne voraus-gehendes Angebot stellt einen Antrag zum Abschluss eines Kaufvertrages dar.

## 3.9 Terminüberwachung

Einzelhandelsbetriebe müssen ständig überprüfen, ob die vereinbarten Liefertermine von den Lieferanten eingehalten werden, um

--→ ihre Verkaufsbereitschaft zu sichern,
--→ die Rechte aus dem Lieferungsverzug zu wahren.

Eine wichtige Hilfe zur Überwachung der Liefertermine ist das Warenwirtschaftssystem.

# 4 Absatz

## 4.1 Grundbegriffe

Bevor ein Marketingkonzept entwickelt werden kann, sollten zunächst Informationen über den Markt und die Kunden erhoben werden. Geschieht dies systematisch, spricht man von Marktforschung.

Unter Marketing versteht man die Summe aller absatzfördernden
Maßnahmen. Es handelt sich dabei um einen Mix von verschiedenen
Maßnahmen. Deshalb wird auch vom Marketing-Mix gesprochen.
Der Marketing-Mix besteht aus den Elementen Produkt- und Sor-
timentspolitik, Preis- und Konditionenpolitik, Kommunikationspoli-
tik und Distributionspolitik.

Ein wichtiges Ziel eines erfolgreichen Marketings ist z. B. die Erhö-
hung des eigenen Marktanteils.

## Marktvolumen und Marktanteil

--> Marktvolumen (s. u., gesamter Kreis): Gesamtumsatz des Lebensmitteleinzelhandels (z. B. ca. 269 Mrd. im Jahr 2021)
--> Marktanteil (s. u. Kreissegment): z. B. Umsatzanteil der EDEKA-Gruppe (24,5 % vom Marktvolumen im Jahr 2021)

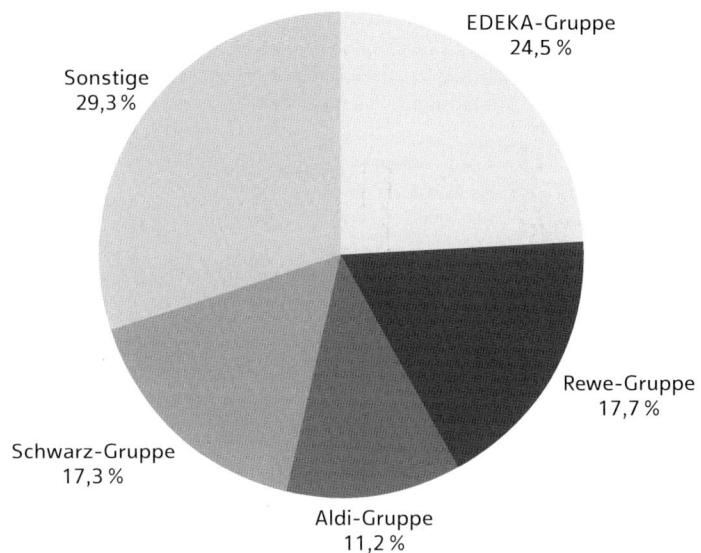

**Basierend auf:** *https://lebensmittelpraxis.de/top-30-unternehmen-im-leh.html, zuletzt abgerufen am 10.10.2022*

## Entwicklungstrends im Einzelhandel

Die jüngere Generation bestellt häufiger als die Altersgruppe 39+ Lebensmittel online. Jüngere Käufer nutzen das Smartphone, um sich in der Filiale Einkaufslisten anzeigen zu lassen oder mobil zu bezahlen. Dafür suchen sie aktiv nach kostenlosem WLAN im Supermarkt. Das Internet ist mittlerweile insbesondere bei den unter 40-jährigen die wichtigste Informationsquelle bei Kaufentscheidungen.

## 4.2   Marktforschung

**Markterkundung**
unsystematische Erfassung und
Analyse von Marktdaten

z. B. Gespräche mit Kunden und
Vertretern, Sichtung von Prospekt-
material und Fachartikeln

**Marktforschung**
systematische Gewinnung und
Auswertung von Informationen

Unterscheidung nach dem Beobachtungszeitraum

**Marktanalyse**
Ermittlung der Marktverhält-
nisse zu einem bestimmten
Zeitpunkt

**Marktbeobachtung**
Ermittlung der Marktverhält-
nisse über einen längeren
Zeitraum hinweg

Unterscheidung nach dem Beobachtungszeitraum

**Primärforschung**
Ersterhebung der gewünschten
Informationen

**Sekundärforschung**
Auswertung bereits vorhande-
ner Informationsquellen

z. B. durch Fragebögen,
Interviews, Experimente

z. B. Auswertung von unterneh-
mensinternen und externen
Statistiken und
Marktforschungsergebnissen

**Marktprognose**
Abschätzung der Entwicklung
der Marktverhältnisse

# 4.3 Marketing-Mix

Durch die stetig wachsende Bedeutung der Digitalisierung gewinnt E-Commerce zunehmend Marktanteile. Dadurch nimmt das Online-marketing eine zentrale Rolle im Marketing-Mix ein (siehe dazu Kapitel B 6 Onlinehandel).

## 4.3.1 Produkt- und Sortimentspolitik

### Produktpolitik

- → **Produktgestaltung:** Die Produkte sollen den Verbraucher-wünschen bestmöglich entsprechen, z. B. hinsichtlich Farbe, Form, Qualität, Material, Komfort, Verpackung, Produkt-name, Service, Kundendienst, Garantieleistungen u. Ä.
- → **Produktinnovation:** Konzeption eines völlig neuartigen Pro-dukts (Produktentwicklung) oder neuer Produkteigenschaften für ein bereits existierendes Produkt (Produktverbesserung)
- → **Produktvariation:** Anbieten von verschiedenen Produktvarian-ten z. B. hinsichtlich Qualität, Ausstattung, Material, Design, um möglichst individuell auf den Kunden eingehen zu können
- → **Produktelimination:** Aus Kosten- und/oder Absatzgründen wird ein Produkt nicht mehr angeboten.

### Sortimentspolitik

Sortimentspolitik bezeichnet die Gestaltung des Warenangebots im Hinblick auf die Sortimentsbreite und die Sortimentstiefe (siehe Kapitel B 2.1 Sortimentsgestaltung).

## 4.3.2 Preis- und Konditionenpolitik

- → **Preissetzung:** Die Festlegung des Absatzpreises erfolgt kostenorientiert (Welche Kosten habe ich? Welchen Gewinnzu-schlag setze ich an? ⇒ Rechnungswesen, Handelskalkulation), konkurrenzorientiert (Welche Preise verlangt die Konkurrenz?) und nachfrageorientiert (Welchen Preis ist der Kunde bereit zu zahlen?).
- → **Preisdifferenzierung:** Sie kann räumlich (z. B. unterschiedliche Preise in unterschiedlichen Ländern), zeitlich (z. B. Winter-schlussverkauf), personenorientiert (z. B. günstigere Preise

für besonders gute Kunden) oder mengenorientiert (z. B. 500-Gramm-Packung günstiger als fünf 100-Gramm-Packungen) erfolgen.
--> **Konditionen:** Regelungen im Hinblick auf Preisnachlässe (Rabatt, Skonto, Bonus), Lieferbedingungen (z. B. Lieferung frei Haus) und sonstige Zahlungsbedingungen (z. B. Zahlungsziel)

### 4.3.3 Kommunikationspolitik

Werbung verfolgt das Ziel, die Kaufentscheidung der Kunden für ein Produkt herbeizuführen.

### Grundsätze der Werbung
--> **Wirksamkeit:** Mit Werbung soll eine Wirkung bei den Kunden erzielt werden.
--> **Wirtschaftlichkeit:** Das Kosten-Nutzen-Verhältnis der Werbung soll stimmen (siehe Werbeerfolgskontrolle).
--> **Klarheit:** Den Kunden soll eine klare Werbebotschaft vermittelt werden.
--> **Wahrheit:** Die Werbung soll in ihrer Sachaussage der Wahrheit entsprechen.

### AIDA-Formel der Werbewirksamkeit
A = Attention ⇒ Aufmerksamkeit wecken
I = Interest ⇒ für Produkt interessieren
D = Desire ⇒ Besitzwünsche des Kunden wecken
A = Action ⇒ zur Kaufhandlung aktivieren

### Werbeplanung
--> **Werbeziel:** Was will man mit der Werbeaktion erreichen?
--> **Werbeetat:** Wie viel Geld steht für die Werbung zur Verfügung?
--> **Zielgruppe:** Welcher Kundenkreis soll angesprochen werden?
--> **Werbeobjekt:** Für welches Produkt soll geworben werden?
--> **Werbemittel:** Mit welchen Mitteln (verkörperte Werbebotschaften wie Anzeigen, Fernsehspots, Flugblätter, Prospekte, Plakate, Warenproben usw.) soll geworben werden?
--> **Werbeträger:** Über welche Medien (z. B. Zeitungen, Zeitschriften, Fernseher, Hörfunk, Litfaßsäulen, Messen etc.) soll die Werbung übermittelt werden?
--> **Streugebiet:** In welchem Gebiet soll geworben werden?

--> **Streuzeit:** Zu welchen Terminen und wie lange soll geworben werden?

--> **Werbeerfolgskontrolle:** Wie viel zusätzlicher Umsatz steht welchen Kosten gegenüber? Wichtig hierbei: Auch der außerökonomische und nicht messbare Werbeerfolg wie etwa Imagegewinn u. Ä. ist zu berücksichtigen.

## Werbearten

--> **Herstellerwerbung:** Ein Hersteller wirbt für sein Produkt.

--> **Einzelhandelswerbung:** Ein Einzelhändler betreibt Werbung für Produkte seines Sortiments.

--> **Produktwerbung:** Werbung für ein Produkt

--> **Sortimentswerbung:** Werbung für ein ganzes Sortiment oder eine Warengruppe

--> **Einführungswerbung:** Werbung bei Neueinführung eines Produkts

--> **Expansionswerbung:** Werbung mit dem Ziel, den Umsatz für das Produkt zu steigern

--> **Erhaltungs- bzw. Erinnerungswerbung:** Werbung mit dem Ziel, die bisherigen Umsätze beizubehalten

--> **Einzelwerbung:** Ein Anbieter wirbt für seine Produkte.

--> **Sammelwerbung:** Mehrere Anbieter, deren Firmennamen einzeln aufgeführt werden, werben gemeinsam für ihre Produkte.

--> **Gemeinschaftswerbung:** Mehrere Anbieter, deren Firmennamen nicht aufgeführt werden, werben für ihre Produkte bzw. ihre Branche.

## Public Relations

Public Relations (PR) verfolgt das Ziel, das Image des Unternehmens in der Öffentlichkeit zu verbessern bzw. den guten Ruf und das Ansehen zu erhalten. Hier steht das Unternehmen als Ganzes im Vordergrund und nicht die Absatzsteigerung einzelner Produkte. Maßnahmen im Rahmen der PR eines Unternehmens sind beispielsweise Tage der offenen Tür, Spenden, Sponsoring von Kunst, Kultur und Sportveranstaltungen u. Ä. Wichtig ist dabei, dass die Ereignisse über die Medien verbreitet werden (Motto: „Tue Gutes – und sorge dafür, dass andere darüber reden!").

## Sales Promotion (Verkaufsförderung)

▶ Unter Sales Promotion (Verkaufsförderung) versteht man gezielte Maßnahmen des Herstellers, die unmittelbar am Käufer bzw. Verkäufer direkt am Verkaufsort ansetzen, um den Absatz seiner Produkte zu unterstützen.

Maßnahmen der Verkaufsförderung sind z.B. Preisausschreiben, Gutscheinaktionen, Geschmacksproben, günstige Warenplatzierung, Einsatz von Verkaufspropagandisten, Verkäuferschulungen u.Ä.

### 4.3.4 Distributionspolitik

Unter den Begriff Distributionspolitik (lat. distribuere = verteilen) fallen alle Aspekte der Frage, wie das Produkt physisch, also körperlich, vom Hersteller bzw. Händler zu den Kunden gelangt. Damit sind vor allem die organisatorische Ausgestaltung des Absatzsystems und die Auswahl der geeigneten Absatzwege gemeint.

→ **direkter Absatz:** Hersteller übernimmt sämtliche Verteilungsfunktionen bis zu den Endverbrauchern
→ **indirekter Absatz:** Hersteller verkauft seine Produkte über Absatzmittler wie den Großhandel und den Einzelhandel
→ **E-Commerce:** elektronischer Handel, also Anbieten der Ware über Onlineshops bzw. im Internet
→ **E-Business:** elektronische Abwicklung von Geschäftsprozessen wie Beschaffung und Absatz; E-Business kann also auch E-Commerce beinhalten, E-Commerce ist jedoch nur ein Teilbereich des E-Business

## 4.4 Rechtliche Vorgaben

### 4.4.1 Preisangabenverordnung (PAngV)

Die **Preisangabenverordnung** (PAngV) verpflichtet Einzelhandelsunternehmen, die Ware oder Dienstleistungen an Endverbraucher anbieten, zur Preisauszeichnung. Dadurch soll für die Kunden die Möglichkeit eines klaren Preisvergleichs geschaffen werden.

Preisauszeichnungspflicht besteht für Waren

→ im Verkaufsraum,
→ die von den Kunden unmittelbar entnommen werden können.

Keine Auszeichnungspflicht besteht für folgende Waren:

--→ Kunstgegenstände und Antiquitäten
--→ Blumen und Pflanzen, die unmittelbar vom Freiland oder Treibhaus verkauft werden
--→ Waren in Schaufenstern und Schaukästen (BGH-Urteil vom 10.11.2016)

Die Preise müssen leicht erkennbar, deutlich lesbar und der Ware eindeutig zuzuordnen sein. Die Grundsätze von **Preiswahrheit** und **Preisklarheit** sind zu beachten. Die Preisetikettierung kann auf verschiedene Arten erfolgen:

--→ an der Ware
--→ am Warenträger (z. B. am Regal)
--→ auf Preislisten (z. B. in Musterbüchern)

**Angaben auf dem Preisschild**

| Gesetzlich vorgeschriebene Angaben | Freiwillige Angaben |
|---|---|
| --→ Bruttoverkaufspreis einschließlich Umsatzsteuer<br>--→ Mengeneinheit<br>--→ Grundpreis je Mengeneinheit<br>--→ Endpreis für die gesamte Verpackungseinheit<br>--→ handelsübliche Gütebezeichnung | --→ Eingangsdatum – zur Kontrolle der Lagerdauer<br>--→ Lieferantennummer – für leichtere Nachbestellungen und Mängelrügen<br>--→ Artikelnummer – zur Hilfe bei der Inventur<br>--→ verschlüsselter Einkaufspreis – zeigt Spielräume bei Preisverhandlungen an |

Verstöße gegen die Preisangabenverordnung werden vom Gewerbeaufsichtsamt überwacht und können mit Bußgeldern geahndet werden.

## 4.4.2 Gesetz gegen unlauteren Wettbewerb (UWG)

Das Gesetz dient dem Schutz von Verbrauchern und Mitbewerbern sowie sonstiger Marktteilnehmer, indem es unlautere Wettbewerbshandlungen zum Nachteil dieser Gruppen verbietet. Verstöße gegen das UWG sind strafbar. Möglich sind Geld- und Freiheitsstrafen.

## Beispiele für verbotene Wettbewerbshandlungen

| Unlauterer Wettbewerb | → **psychologischer Kaufzwang:** Ausnutzung von Zwangslagen oder geschäftlicher Unerfahrenheit der Kunden, Drohungen<br>→ **üble Nachrede:** Verbreitung von geschäftsschädigenden Behauptungen über Konkurrenten<br>→ **Schleichwerbung:** Kunden können nicht erkennen, dass es sich um eine Werbebotschaft handelt<br>→ **Anlocken von Kunden:** Kunden werden durch geschmacklose, aufdringliche oder lästige Werbung in das Geschäft gelockt |
|---|---|
| Irreführende Werbung | → **irreführende Preise:** wie überhöhte Ausgangspreise (Mondpreise), die den Verbrauchern hohe Preisnachlässe vortäuschen<br>→ **Lockvogelwerbung:** Sonderangebote sind nicht in ausreichenden Mengen vorhanden und dienen nur dazu, die Kunden in das Geschäft zu locken<br>→ **Mogelpackungen:** Verpackungen mit übertriebenen Abmessungen |
| Vergleichende Werbung | Ein Vergleich der eigenen Produkte mit denen von Mitbewerbern in der Werbung ist erlaubt, wenn objektive und nachprüfbare Eigenschaften herangezogen werden und der Konkurrent nicht herabgesetzt oder verunglimpft wird. |
| Unzumutbare Belästigung | durch Werbung per Telefon, Fax oder E-Mail, wenn der Verbraucher zuvor nicht zugestimmt hat |

# 4.5  Kooperationsmöglichkeiten

## 4.5.1  Rackjobber

Rackjobbing ist eine Form der Zusammenarbeit zwischen Einzelhändler und Großhändler, um den Warenabsatz zu sichern und zu steigern.

Ein Regalgroßhändler (Rackjobber) mietet einen Teil der Verkaufsregale eines Einzelhändlers an und übernimmt die Betreuung der Regale (Preisauszeichnung, Auffüllen).

Nicht verkaufte Ware wird vom Rackjobber zurückgenommen und der Einzelhändler erhält vom Regalgroßhändler eine Umsatzprovision.

**Beispiele:** *Tchibo, Wenco*

## 4.5.2 Franchising

Franchising ist eine Form der Zusammenarbeit von Unternehmen verschiedener Wirtschaftsstufen (**vertikale Kooperation**).

Der Franchisegeber (Hersteller, Händler) räumt den Franchisenehmern das Recht ein, Waren oder Dienstleistungen und Verwendung seines Markennamens und Beschaffungs-, Vertriebs- bzw. Organisationskonzeptes anzubieten.

**Beispiele:** *McDonald's, OBI, Nordsee, Benetton*

| Vorteile für den Franchisenehmer | Nachteile für den Franchisenehmer |
|---|---|
| ⇢ weitgehende Selbstständigkeit im Rahmen der vertraglichen Vereinbarungen | ⇢ Übernahme der Vertriebskosten und des Absatzrisikos |
| ⇢ Nutzung des Marketing-Konzeptes des Franchisegebers | ⇢ langfristige Bindung an das Konzept des Franchisegebers |
| ⇢ Absatzförderung durch einheitliche Werbung, Verkaufsraumgestaltung, Sortiment | ⇢ hohe Kosten beim Eintritt und laufende Franchisingentgelte |
| ⇢ Dienstleistungen des Franchisegebers wie Schulungen, zentrales Rechnungswesen, Werbung | ⇢ keine selbstständigen sortimentspolitischen Entscheidungen |

## 4.5.3 Verkauf von Kommissionsware

⇢ Kauft ein Einzelhändler Ware auf Kommission, wird er nur Besitzer der Ware, nicht Eigentümer.

⇢ Er verkauft die Produkte im Auftrag des Lieferanten und kann nicht verkaufte Ware wieder zurückgeben.

⇢ Der Verkauf der Kommissionsware erfolgt im Namen des Einzelhändlers (**Kommissionärs**), aber auf Rechnung des Lieferanten (**Kommittenten**).

--> Nach dem erfolgten Verkauf der Ware führt der Einzelhändler den erhaltenen Rechnungsbetrag abzüglich einer Provision an den Lieferanten ab.
--> Vorteile des Einzelhandelsunternehmens sind:
- eine risikolose Einführung neuer Waren
- geringere Kapitalbindung im Einkauf
- Absatzrisiko liegt beim Lieferanten

# 5 Personalwirtschaft

## 5.1 Ziele und Aufgaben

### Ziele der Personalwirtschaft

--> **Oberziel:** optimale Nutzung der Ressource Mitarbeitende ($\Rightarrow$ Optimierung der Arbeitsleistung)
--> **Unterziele:**
- Optimierung der Mitarbeitermotivation und Arbeitszufriedenheit
- effizienter Einsatz der Mitarbeitenden durch Optimierung der Leistungsfähigkeit im Verhältnis zu den Personalkosten

### Aufgaben der Personalwirtschaft

--> Personalbedarfsplanung
--> Personalbeschaffung
--> Personaleinsatzplanung (Einsatz des Personals nach Qualifikation und Bedarf)
--> Personalverwaltung
--> Personalführung und -entwicklung
--> Arbeitsbewertung und Entlohnung
--> Lohn- und Gehaltsabrechnung
--> Personalfreisetzung

## 5.2 Personalbedarfsplanung

Die Personalbedarfsplanung hat die Aufgabe, die Zahl (= quantitative Personalplanung) sowie die Anforderungen und den Einsatzort/-zeitpunkt für jetzige und künftige Mitarbeitende (= qualitative Personalplanung) festzulegen. Dabei ist sie von einer Vielzahl von unternehmensinternen und unternehmensexternen Einflussfaktoren abhängig.

| Unternehmensinterne Einflussfaktoren | Unternehmensexterne Einflussfaktoren |
|---|---|
| → jetziger Personalbestand<br>→ Gewinnerwartungen<br>→ Absatzplanung<br>→ Rationalisierungsmaßnahmen<br>→ Unternehmenspolitik<br>→ Fehlzeiten und Fluktuation | → technischer Fortschritt<br>→ gesamtwirtschaftliche Entwicklungen (Konjunktur, Inflation, Arbeitslosigkeit etc.)<br>→ staatliche Wirtschafts- und Sozialpolitik (z. B. Steuerrecht, Arbeitsrecht)<br>→ Tarifvertragsänderungen<br>→ Nachfrage- und Branchenentwicklung<br>→ Konkurrenzsituation |

## Arten des Personalbedarfs

→ **Ersatzbedarf** für ausscheidende Mitarbeitende (Fluktuation)
→ **Zusatzbedarf** für die Verwirklichung von Kapazitätserweiterungen, z. B. durch neue Ladenflächen
→ **Nachholbedarf** für Stellen, die bis zum Zeitpunkt der Personalbeschaffung zwar vorgesehen, aber nicht besetzt sind

## Beispiel für eine Personalbedarfsrechnung:

| | |
|---|---|
| **Soll-Personalbestand:** | **50** |
| Abgänge aus Altersgründen: | 4 |
| Abgänge durch Schwangerschaften bzw. Elternzeit: | 3 |
| sonstige Abgänge (z. B. Kündigungen): | 1 |
| **Personalbestand nach Abgängen:** | **42** |
| **Ersatzbedarf:** | **8** |
| – Übernahme von Auszubildenden: | 2 |
| + Zusatzbedarf wegen neuer Filiale: | 3 |
| **Netto-Personalbedarf (gesamt):** | **9** |

# 5.3 Personalbeschaffung

▶ Unter **Personalbeschaffung** versteht man die Aufgabe des Personalmanagements, die von einem Unternehmen benötigten Arbeitskräfte in qualitativer, quantitativer, zeitlicher und räumlicher Hinsicht zu beschaffen.

Hierbei ist zwischen der **unternehmensinternen** und der **unternehmensexternen Personalbeschaffung** zu unterscheiden.

| Unternehmensinterne Personalbeschaffung | Unternehmensexterne Personalbeschaffung |
|---|---|
| Die frei werdende Stelle wird mithilfe einer internen Stellenausschreibung durch eine Arbeitskraft aus dem eigenen Unternehmen besetzt. Vorteile (= Nachteile der externen Personalbeschaffung): <br> --→ Mitarbeitende sind dem Unternehmen bereits bekannt <br> --→ höhere Identifikation mit dem Unternehmen <br> --→ geringerer Einarbeitungsaufwand <br> --→ Motivation für Kolleginnen und Kollegen durch innerbetriebliche Aufstiegsmöglichkeiten | Die frei werdende Stelle wird mit einem externen Bewerber besetzt. Dazu wird eine Stellenanzeige veröffentlicht (z. B. Zeitungsinserat, Arbeitsamt). Vorteile (= Nachteile der internen Personalbeschaffung): <br> --→ große Auswahlmöglichkeit <br> --→ neue Ideen und Impulse für das Unternehmen <br> --→ keine innerbetrieblichen Konflikte, wenn mehrere interne Interessenten für eine Stelle da sind |

## Ablauf des Auswahlverfahrens

Personalbedarf

▼

Personalanforderung

▼

interne Stellenausschreibung bzw. Stellenanzeige (bei externer Personalbeschaffung) auf der Basis der Stellenbeschreibung (= internes Papier, das den Aufgabenbereich und die damit verbundenen Anforderungen an die Stelle dokumentiert)

▼

Bewerbungseingang und erste Vorauswahl

▼

Einladung zum Vorstellungsgespräch (ggf. auch zum Einstellungstest, Assessment-Center)

▼

Entscheidung und Einstellung

## Alternative Personalleasing (Zeitarbeit)

Personalleasing-Unternehmen verleihen bei ihnen beschäftigte Arbeitnehmer an ein Unternehmen und schließen mit diesem einen Arbeitnehmerüberlassungsvertrag. Zeitarbeitskräfte bleiben Mitarbeitende des Personalleasing-Unternehmens, arbeiten aber für und auf Anweisung des Entleihers.

# 5.4  Personalverwaltung

Als Personalverwaltung bezeichnet man die Abwicklung aller routinemäßigen Aufgaben des Personalbereichs:

-→ **Führen der Personalakte:** Über jede Mitarbeiterin und jeden Mitarbeiter ist eine Akte zu führen, in der alle Unterlagen, die mit dem Arbeitsverhältnis im Zusammenhang stehen (z.B. Arbeitsvertrag, Vertragsänderungen, Abmahnungen, Beurteilungen, Zeugnisse, Fortbildungen etc.) aufbewahrt werden. Der Arbeitnehmer hat jederzeit das Recht, seine Personalakte einzusehen.
-→ **Personaldatenverwaltung:** Die Personaldaten werden z.B. mittels computerunterstützter Personalinformationssysteme (wobei der Datenschutz stets gesichert sein muss) aufbereitet.
-→ **Personalstatistik:** Sie dient der Ermittlung von Kennzahlen für den Personalbereich (z.B. Mitarbeiterstruktur geordnet nach Geschlecht, Alter, Gehalts- und Lohnsummen, Fehlzeiten, Fluktuation etc.).
-→ **Datenschutz:** Nach der europäischen Datenschutzgrundverordnung (DSGVO) hat jeder Arbeitnehmer und jede Arbeitnehmerin das Recht, über eine Speicherung und Weitergabe der persönlichen Daten benachrichtigt zu werden. Unzulässig gespeicherte Daten müssen gelöscht, falsche Daten korrigiert werden.

# 5.5  Personalentwicklung

-→ **Berufsausbildung:** Die **berufliche Erstausbildung** findet in der Regel im Rahmen des dualen Systems statt (Betrieb und Berufsschule).
-→ **Weiterbildung**
  • **Anpassungsweiterbildung:** Die Mitarbeitenden werden qualifiziert, damit sie trotz veränderter Anforderungen, z.B. neuer Technologien, im Arbeitsprozess bleiben können.

- **Aufstiegsweiterbildung:** Mitarbeitende, die für höherwertige Tätigkeiten vorgesehen sind, erwerben zusätzliche Fähigkeiten
- **Umschulung:** Qualifizierungsmaßnahmen, die zu einer anderen beruflichen Tätigkeit befähigen sollen

--> **Laufbahnplanung:** Sie ist sinnvoll, wenn höhere Positionen nicht nur durch außerbetriebliche Bewerber/-innen, sondern durch Betriebsangehörige besetzt werden sollen. Ein wichtiger Bestandteil ist hierbei das Instrument der Personalbeurteilung.

--> **Personalbeurteilung:** Die Personalbeurteilung dient der Einschätzung der Leistung und der Verhaltensweise einzelner Beschäftigter. Es kann zwischen der Leistungsbeurteilung und der Potentialbeurteilung unterschieden werden. Die Leistungsbeurteilung betrachtet vergangenheitsbezogen die erbrachte Leistung einzelner Beschäftigter. Die Potentialbeurteilung konzentriert sich auf die erwartbare Entwicklung der Arbeitskraft und schließt die zukünftige Verwendungseignung (z. B. als Filialleitung) mit ein.

--> **betriebliche Beförderung:** Sie liegt vor, wenn eine Mitarbeiterin oder ein Mitarbeiter in der Unternehmenshierarchie aufgestiegen ist. Die Möglichkeit einer betrieblichen Beförderung ist u. a. wichtig für die Arbeitsmotivation der Beschäftigten. Der Beförderung geht im Allgemeinen eine Laufbahnplanung voraus.

--> **Personalentwicklung on the job** erfolgt durch Maßnahmen direkt am Arbeitsplatz.
**Personalentwicklung off the job** erfolgt durch Maßnahmen außerhalb des Betriebes (z. B. Seminare).

## 5.6   Gehaltsabrechnung[1]

**Stand: 2022**

**Beispiel:** Arbeitnehmer/-in, 30 Jahre, rk, ledig, keine Kinder

| | |
|---|---|
| **Bruttogehalt** (z. B. lt. Tarifvertrag) | **3.000,00** |
| + **VL Zulage** | **20,00** |
| Zuschuss des Arbeitgebers zu den vermögenswirksamen Leistungen | |

---

[1] *siehe dazu auch Kapitel A 3.7 Sozialversicherungen*

| | | |
|---|---|---|
| = | **steuer- und sozialversicherungspflichtiges Gehalt** | **3.020,00** |
| − | **Lohnsteuer** (hier: Steuerklasse I)<br>wird mithilfe der Lohnsteuertabelle ermittelt und richtet<br>sich nach der Steuerklasse und den Kinderfreibeträgen | **388,08** |
| − | **Solidaritätszuschlag**<br>wird bei Steuerklasse I seit 2021 erst ab einem<br>Bruttoeinkommen von 73.000 EUR/Jahr erhoben | **0,00** |
| − | **Kirchensteuer** (hier: Bayern)<br>Bad.-Württ., Bayern jeweils 8 % der Lohn- bzw.<br>Einkommensteuer, restl. Länder 9 % | **31,04** |
| − | **Rentenversicherung**<br>Beitragssatz: 18,6 %: Arbeitnehmeranteil: 9,3 %<br>Beitragsbemessungsgrenze: 7.050,00 EUR (West);<br>6.750,00 EUR (Ost) | **280,86** |
| − | **Arbeitslosenversicherung**<br>Beitragssatz: 2,4 %: Arbeitnehmeranteil: 1,2 %<br>Beitragsbemessungsgrenze: 7.050,00 EUR (West);<br>6.750,00 EUR (Ost) | **36,24** |
| − | **Krankenversicherung**<br>einheitlicher Beitragssatz: 14,6 % des sozialversiche-<br>rungspflichtigen Gehalts + Zusatzbeitrag 1,3 %<br>(kann je nach Krankenkasse abweichen) →<br>AN-Anteil 7,95 %<br>Beitragsbemessungsgrenze: 4.837,50 EUR (West + Ost)<br>Pflichtversicherungsgrenze: 5.362,50 EUR (West + Ost) | **240,09** |
| − | **Pflegeversicherung**<br>Beitragssatz: 3,05 %: Arbeitnehmeranteil 1,525 %<br>Kinderlose ab 23 Jahren zahlen Zuschlag von 0,35 %<br>ohne Arbeitgeberanteil<br>Beitragsbemessungsgrenze: 4.837,50 EUR (West + Ost)<br>Pflichtversicherungsgrenze: 5.362,50 EUR (West + Ost) | **56,63** |
| = | **Nettogehalt** | **1.987,06** |
| − | **vermögenswirksame Leistungen**<br>(Sparbeträge der beschäftigten Person, die vermö-<br>genswirksam angelegt werden und z. B. direkt dem<br>Bausparvertrag gutgeschrieben werden) | **40,00** |
| = | **Überweisungsbetrag** | **1.947,06** |

## Lohnsteuerklassen

I  ledige, verwitwete, geschiedene, dauernd getrennt lebende Arbeitnehmer/-innen

II  wie Steuerklasse I, aber mind. ein Kind im Haushalt

III  verheiratet, Ehegatte nicht berufstätig oder in Steuerklasse V, Verwitwete im Kalenderjahr, das dem Todesjahr des Gatten folgt

IV  verheiratet, beide berufstätig

V  verheiratet, beide berufstätig, Ehegatte in Steuerklasse III

VI  für zweite und weitere Lohnsteuerkarte bei mehreren Arbeitsverhältnissen oder wenn die Lohnsteuerkarte dem Arbeitgeber schuldhaft nicht vorgelegt wird

## 5.7 Personalfreisetzung[1]

Mitarbeitenden sind beim Ausscheiden folgende **Unterlagen** auszuhändigen:

→ Lohnsteuerkarte

→ Urlaubsbescheinigung über den erhaltenen Urlaub

→ Nachweis über Bezüge und darauf abgeführte Beiträge zur Sozialversicherung

→ Arbeitsbescheinigung zur Vorlage bei der Bundesagentur für Arbeit (auf Verlangen des Arbeitnehmers)

→ Arbeitszeugnis (auf Verlangen des Arbeitnehmers ein qualifiziertes Arbeitszeugnis)

### Arten des Arbeitszeugnisses

→ **einfaches Arbeitszeugnis:** enthält Angaben über Art und Dauer der Beschäftigung

→ **qualifiziertes Arbeitszeugnis:** enthält zusätzliche Aussagen über die Leistung der Mitarbeiterin oder des Mitarbeiters (z. B. „… hat die ihm übertragenen Arbeiten stets zu unserer vollsten Zufriedenheit erledigt.") und sein Verhalten (z. B. „Sein Verhalten gegenüber Mitarbeitern und Vorgesetzten war stets tadellos.")

---

[1] *siehe dazu auch Kapitel A 3.4.2 Kündigungsschutzgesetz*

# 6 Investition und Finanzierung

## 6.1 Außen-, Innen-, Fremd- und Eigenfinanzierung

| | |
|---|---|
| **Außenfinanzierung** | Form der Finanzierung, bei der Kapital von außen in ein Unternehmen fließt (z. B. Aufnahme eines Darlehens, Ausgabe von Aktien) |
| **Innenfinanzierung** | Form der Finanzierung, bei der die Kapitalmittel durch den betrieblichen Umsetzungsprozess erschlossen werden (z. B. Einbehalten von erwirtschaftetem Gewinn) |
| **Eigenfinanzierung** | Die Finanzierung erfolgt mit Eigenkapital (z. B. Einbehaltung des Gewinns, Ausgabe von Aktien). |
| **Fremdfinanzierung** | Die Finanzierung erfolgt mit Fremdkapital (z. B. Darlehen). |

| **Kapitalherkunft** | **Außenfinanzierung (Das Kapital wird von außerhalb zugeführt.)** | | **Innenfinanzierung (Das Unternehmen stellt selbst finanzielle Mittel bereit.)** | |
|---|---|---|---|---|
| | Kredite | → Einlagen/ Beteiligungen<br><br>→ Ausgabe von Aktien | Selbstfinanzierung: Gewinne werden nicht ausgeschüttet, sondern einbehalten | Abschreibungsfinanzierung: Abschreibungen werden als Kosten in die Preise einkalkuliert. ⇒ Kapitalfreisetzung durch Verkauf der Erzeugnisse |

| Kapitalherkunft | Außenfinanzierung (Das Kapital wird von außerhalb zugeführt.) | | Innenfinanzierung (Das Unternehmen stellt selbst finanzielle Mittel bereit.) |
|---|---|---|---|
| Kapitalzuführung | **Fremdfinanzierung** (durch Fremdkapital) | **Eigenfinanzierung** (durch Eigenkapital) | |
| | | extern | intern |

## 6.2 Kredite, Effektivzinsberechnung

### Kredite (im allgemeinen Sprachgebrauch)

- **Geldkredit:** Bankkredit (Darlehen, Kontokorrentkredit)
- **Sachkredit:** Lieferung von Waren und Einrichtungen
- **Liefererkredit:** Der Lieferant gewährt Zahlungsaufschub und gewährt bei vorzeitiger Zahlung Skonto.
- **Kundenkredit:** absatzfördernde Maßnahme des Einzelhändlers (z. B. „anschreiben lassen", Kundenkarte, Abzahlungs- und Ratenkauf)

### Darlehen

- einmalige Auszahlung einer bestimmten Kreditsumme
- in der Regel befristeter Kredit
- Tilgung nach Tilgungsplan laut Kreditvertrag
- relativ niedriger Zinssatz (niedriger als bei Kontokorrentkredit)

### Darlehensarten

- **Fälligkeitsdarlehen:** Tilgung Gesamtbetrag auf einmal bei Fälligkeit
- **Kündigungsdarlehen:** Tilgung Gesamtbetrag auf einmal nach Kündigung
- **Abzahlungsdarlehen (Ratendarlehen):** Tilgung in Raten
- **Annuitätendarlehen:** Tilgung in Annuitäten (Annuität = gleichbleibende Summe aus Zins und Tilgung, wobei Zinsanteil kontinuierlich sinkt und der Tilgungsanteil kontinuierlich steigt)

## Kontokorrentkredit

→ Kredit kann bis zur vereinbarten Höhe beansprucht werden
→ in der Regel unbefristeter Kredit
→ schwankender Kreditbetrag
→ relativ hoher Soll-Zinssatz

### Beispiel zur Berechnung der Effektivverzinsung bei Darlehen

Berechnen Sie den Effektivzinssatz für folgendes Kreditangebot über 1.000.000,00 EUR.

Laufzeit 5 Jahre, Disagio 2% (Auszahlung somit 98%), 1,5% Bearbeitungsgebühr von der Darlehenssumme, jährliche Zinszahlungen, Rückzahlung in einer Summe nach sechs Jahren, 6% p.a. Zinsen.

$$\text{Zinsen (6 J.): } z = \frac{K \cdot p \cdot t}{100 \cdot 360} = \frac{1.000.000 \cdot 6 \cdot (5 \cdot 360)}{100 \cdot 360} = 300.000{,}00 \text{ EUR}$$

Damnum (Abzug vom Nettowert

| | |
|---|---:|
| eines Darlehens) = 2% von 1.000.000,00 EUR = | 20.000,00 EUR |
| Bearbeitungsgebühr = 1,5% v. 1.000.000,00 EUR = | 15.000,00 EUR |
| Kosten insgesamt = z = | 335.000,00 EUR |

$$\text{effektiver Zinssatz: } p = \frac{z \cdot 100 \cdot 360}{K \cdot t} = \frac{335.000 \cdot 100 \cdot 360}{(1.000.000 - 35.000) \cdot (5 \cdot 360)} =$$

**6,94%** eff. Zinssatz

## 6.3 Kreditsicherung

Neben dem Kreditnehmer als Hauptschuldner können weitere Personen oder Sachen als Sicherheit dienen.

### Personalsicherheiten (Absicherung durch andere Personen)

→ **Bürgschaft:** Ein Dritter haftet durch die Abgabe eines Bürgschaftsversprechens für die Verbindlichkeiten des Kreditnehmers.

→ **Garantie:** Zusätzlich zur Person des Kreditnehmers übernimmt eine andere Person (Garant) unabhängig vom Bestehen einer Zahlungsverpflichtung die Gewährleistung für einen zukünftigen Erfolg.

→ **Schuldübernahme:** Eine weitere Person neben dem Kreditnehmer tritt als Gesamtschuldner auf. Die Haftungsverpflichtung ist

stärker als bei einer Bürgschaft, da der Kreditgeber im Außen-
verhältnis sich den Schuldner aussuchen kann.

## Realsicherheiten (Absicherung in Form von Sachen)

--> **Eigentumsvorbehalt:** Die Vertragsklausel „Die Ware bleibt bis
zur vollständigen Bezahlung unser Eigentum" soll den Verkäufer schützen. Der Käufer wird Besitzer, der Verkäufer bleibt Eigentümer, bis die Ware vollständig bezahlt ist.

--> **Grundpfandrecht:** Durch Einigung und Eintragung einer Grund-
schuld in das Grundbuch wird zugunsten des Gläubigers ein
Pfandrecht an einer unbeweglichen Sache bestellt. Dies gibt
dem Gläubiger das Recht, auf Zwangsvollstreckung des ver-
pfändeten Grundstücks zu klagen, wenn der Kredit nicht frist-
gerecht zurückgezahlt wird.

--> **Faustpfand (Lombardkredit):** Verfügt der Kreditnehmer über
hochwertige und wertbeständige bewegliche Sachen (z. B.
Schmuck, Edelmetalle) oder Wertpapiere, so können diese als
Kreditsicherung dienen. Der Kreditnehmer bleibt zunächst Eigentümer, der Besitz geht an den Kreditgeber über. Der Kreditgeber kann bei Fälligkeit der Schuld (= Pfandreife) das Pfand
nach Androhung und Fristsetzung öffentlich versteigern lassen
(bei Markt- oder Börsenpreis auch verkaufen).

--> **Sicherungsübereignung:** Zur Absicherung eines Kredites wird
vereinbart, dass Sachen aus dem Vermögen des Kreditnehmers
in das Eigentum des Kreditgebers übergehen. Der Kreditnehmer
bleibt weiterhin Besitzer der Sache.

--> **Forderungsabtretung (Zession):** Der Kreditnehmer überträgt
Forderungen an Dritte vertraglich an den Kreditgeber, um damit
seinen erhaltenen Kredit zu sichern (z. B. Lohn- und Gehaltsab-
tretung).

## 6.4   Leasing

--> **Sonderform der Fremdfinanzierung**
--> **kein Geld-, sondern ein Sachkredit** (vergleichbar mit dem
Mieten bzw. Pachten)
--> **Ablauf:** Der Vermieter (besser: Leasinggeber) übergibt dem
Leasingnehmer ein Anlagegut (beispielsweise eine Produktions-
maschine, ein Fahrzeug oder einen Computer) und gewährt
ihm während der vereinbarten Zeit die Nutzung der geleasten

Sache. Im Gegenzug muss der Leasingnehmer hierfür ein entsprechendes Entgelt (Leasingrate) zahlen. Die Höhe der Leasingrate hängt in der Regel vom Wert des Leasinggutes und seiner Nutzungsdauer ab. Nach Ablauf der Leasinglaufzeit muss der Leasingnehmer das geleaste Gut an den Leasinggeber zurückgeben, den Leasingvertrag verlängern oder das Leasinggut kaufen.

## Vergleich Kreditkauf – Leasing

| Kreditkauf | Leasing |
|---|---|
| ⇢ Aufnahme eines Geldkredits | ⇢ Aufnahme eines Sachkredits |
| ⇢ Zahlung von Kreditraten und Zinsen bis zum Ablauf der Kreditlaufzeit | ⇢ Zahlung von Leasingraten (quasi wie Mietzahlung) i. d. R. Rückgabe des Leasinggegenstandes am Ende der Laufzeit |
| ⇢ Erlangung des Eigentums am (kreditfinanzierten) Vermögensgegenstand (Abschreibungsmöglichkeiten) | ⇢ Leasinggeber bleibt während der Laufzeit Eigentümer des Vermögensgegenstandes (Abschreibungsmöglichkeiten entfallen, aber Leasinggebühren können als Aufwand gebucht werden) |

# 6.5    Factoring

Beim Factoring kauft der **Factor**, in der Regel eine **Factoring-Gesellschaft** (Factoring-Bank), Forderungen eines Unternehmens (Klient genannt) auf und bevorschusst sie. Der Factor übernimmt die Eintreibung der Forderungen bei Kunden und übernimmt damit

⇢ die Finanzierung,
⇢ die Debitorenbuchhaltung,
⇢ das Inkasso,
⇢ das Mahnwesen und
⇢ das Delkredere (Kreditrisiko).

Dafür verrechnet er

⇢ die marktüblichen Zinsen aus der bereitgestellten Finanzierungssumme (falls Zahlung bevorschusst wurde),
⇢ eine Delkrederegebühr und
⇢ eine Factoringgebühr.

# 6.6 Unternehmenskrise, Zahlungsunfähigkeit (Insolvenz)

Von einer **Unternehmenskrise** wird dann gesprochen, wenn das Unternehmen Zahlungsschwierigkeiten hat, also nicht mehr liquide ist, und der Fortbestand der Unternehmung in Gefahr ist.

Erste **Anzeichen** einer Unternehmenskrise sind drastische **Umsatzrückgänge, rückläufige Gewinne** und **steigende Verschuldung**.

## Ursachen der Unternehmenskrise

| Innerhalb des Unternehmens | Außerhalb des Unternehmens |
|---|---|
| --> Organisationsmängel (zu hohe Kosten im Verwaltungsbereich, unausgelastete Beschäftigte)<br>--> Umstellung des Produktionsapparates und damit verbundener Kostenaufwand<br>--> verfehlte Produktpolitik<br>--> Anschluss an technischen Fortschritt verpasst<br>--> schlechte Personalpolitik<br>--> zu hohe Privatentnahmen | --> schlechte Konjunkturlage, dadurch allgemeiner Auftragsrückgang<br>--> Verschärfung der Konkurrenz, dadurch Preisverfall bei fast allen Produkten<br>--> Verknappung/Verteuerung von Rohstoffen<br>--> Einbußen durch wirtschaftspolitische Maßnahmen (Strukturwandel) |

## Mögliche Maßnahmen in einer Unternehmenskrise

| Sanierung | Liquidation | Insolvenz |
|---|---|---|
| --> **stille Sanierung:** Verbesserung der Unternehmenssituation durch organisatorische, technische und personelle Maßnahmen<br>--> **offene Sanierung:** Verbesserung der Unternehmenssituation durch Zuführung von | Auflösung eines Unternehmens durch Teilveräußerung bzw. Veräußerung der Unternehmung als Ganzes aus persönlichen Gründen (z. B. Alter, Krankheit, Ausscheiden eines Gesellschafters, Erbauseinandersetzungen) und/oder sachlichen Gründen | gerichtliche Lösung bei Zahlungsunfähigkeit oder Überschuldung des Schuldners im Rahmen des Insolvenzverfahrens gemäß Insolvenzordnung |

| Sanierung | Liquidation | Insolvenz |
|-----------|-------------|-----------|
| Eigenkapital durch die Unternehmenseigner | (z. B. verschärfter Wettbewerb, Struktur- und Konjunkturkrisen, Nichterreichen der Unter-nehmensziele) | |

## Unternehmensinsolvenz

**Eröffnungsantrag:**
Amtsgericht prüft Antrag und eröffnet bzw. verweigert das Insolvenzverfahren

---->

**Abweisung mangels Masse:**
wenn das Vermögen des Schuldners kleiner ist als die Kosten des Verfahrens

↓

**Eröffnungsbeschluss bei:**
→ Zahlungsunfähigkeit des Schuldners
→ drohender Zahlungsunfähigkeit
→ Feststellung der Überschuldung

↓

**Wirkung der Insolvenzeröffnung:**
→ Recht des Schuldners, das zur Insolvenzmasse gehörende Vermögen zu verwalten und darüber zu verfügen, geht auf den Insolvenzverwalter über
→ Gläubiger müssen ihre Forderungen schriftlich anmelden

↓

**Abwicklung des Insolvenzverfahrens:**
→ Veröffentlichung des Eröffnungsbeschlusses
→ detaillierte Erfassung des Ist-Zustandes des Unternehmens (Vermögensgegenstände, Gläubigerverzeichnis u. a.)
→ Kündigung von Verträgen, Durchführung von Prozessen
→ Verwertung des Unternehmensvermögens durch Verkauf bzw. Versteigerung
→ Schlussverteilung der Insolvenzmasse nach festgelegter Reihenfolge
→ Festlegung einer Insolvenzquote

Das Gesetz zur Vereinfachung der Insolvenzverfahrens vom 13. April 2007 erleichtert die Fortführung des Unternehmens im Eröffnungsverfahren und fördert die selbstständige Tätigkeit des Schuldners.

## Insolvenzplanverfahren

→ Das Insolvenzplanverfahren ist als Alternative zum Insolvenzverfahren zu sehen.
→ Es verfolgt in erster Linie das Ziel, den Erhalt des Unternehmens zu ermöglichen.
→ Mittel zur Sanierung eines Unternehmens abweichend von den Vorschriften der Insolvenzordnung
→ Wesentliche Entscheidungen werden durch die Gläubiger getroffen.
→ Die Rechtsstellung des Schuldners wird gestärkt.
→ Insolvenzverwalter erstellt Insolvenzplan, der beinhaltet, dass
  • die Insolvenzgläubiger auf einen Teil ihrer Forderungen verzichten (Vergleich),
  • die Gläubiger dem Schuldner ihre Forderungen stunden (Stundungsvergleich)

## Verbraucherinsolvenz

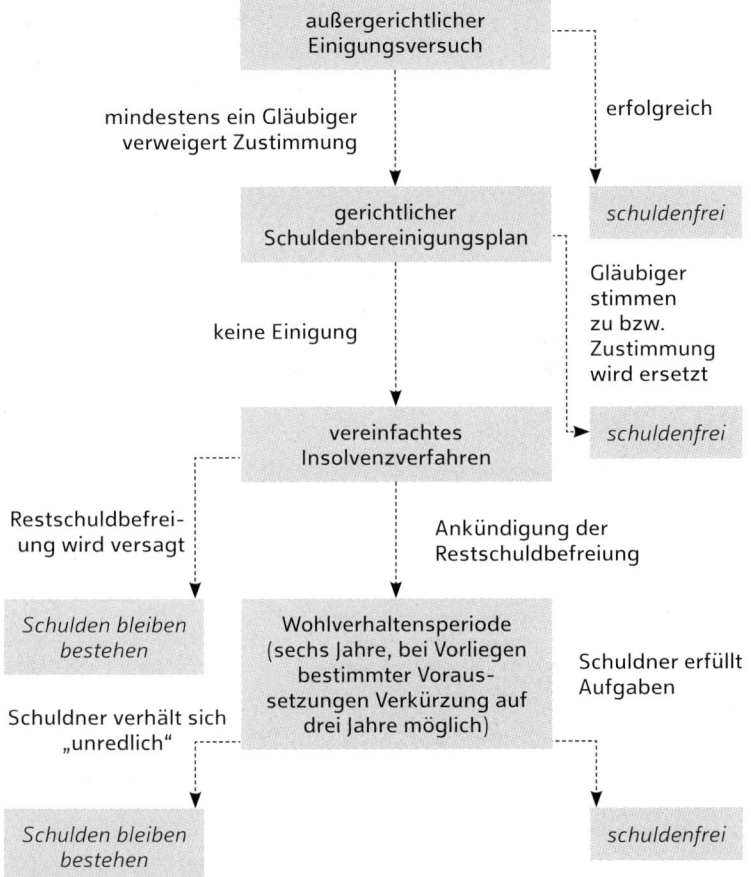

# E

# GRUNDLAGEN DES RECHNUNGSWESENS

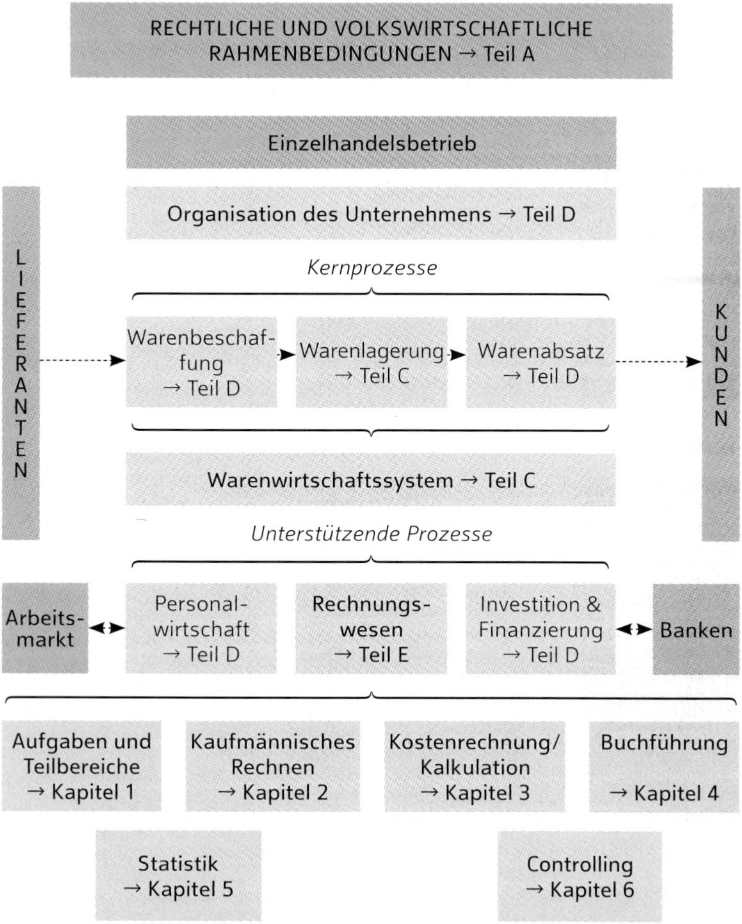

RECHTLICHE UND VOLKSWIRTSCHAFTLICHE RAHMENBEDINGUNGEN → Teil A

Einzelhandelsbetrieb

Organisation des Unternehmens → Teil D

*Kernprozesse*

L
I
E
F
E
R
A
N
T
E
N

Warenbeschaffung → Teil D → Warenlagerung → Teil C → Warenabsatz → Teil D

K
U
N
D
E
N

Warenwirtschaftssystem → Teil C

*Unterstützende Prozesse*

Arbeitsmarkt ◄► Personalwirtschaft → Teil D | Rechnungswesen → Teil E | Investition & Finanzierung → Teil D ◄► Banken

| Aufgaben und Teilbereiche → Kapitel 1 | Kaufmännisches Rechnen → Kapitel 2 | Kostenrechnung/ Kalkulation → Kapitel 3 | Buchführung → Kapitel 4 |

Statistik → Kapitel 5

Controlling → Kapitel 6

# 1 Aufgaben und Teilbereiche des Rechnungswesens

## Allgemeine Aufgaben

▶ Das betriebliche Rechnungswesen beschäftigt sich mit der systematischen mengen- und wertmäßigen Erfassung, Aufbereitung, Analyse, Auswertung und Darstellung aller betrieblichen und außerbetrieblichen Vorgänge in Einzelhandelsunternehmen.

| | |
|---|---|
| **Dokumentation** | z. B. Erfassung von Einnahmen und Ausgaben |
| **Information** | z. B. Herkunft und Höhe von Kosten |
| **Rechenschafts-legung** | z. B. gegenüber Banken als Kreditgebern |
| **Kontrolle** | z. B. der Kostenentwicklung in einzelnen Unternehmensbereichen |
| **Planung** | z. B. Personaleinsatz, Schulungen der Mitarbeitenden |

## Teilbereiche des Rechnungswesens

| | |
|---|---|
| **Finanzbuch-haltung (Buch-führung)** | → Erfassung aller wirtschaftlich relevanten Geschäftsvorgänge wie Einkäufe, Verkäufe, Personalaufwand auf Konten<br>→ Erfassung und Bewertung des Vermögens und der Schulden<br>→ Ermittlung des Gewinns oder Verlustes |
| **Kosten- und Leistungs-rechnung** | → Erfassung und Gliederung der angefallenen Kosten<br>→ Kontrolle der Kosten in den einzelnen Unternehmensbereichen<br>→ Preiskalkulation<br>→ Ermittlung des Betriebsergebnisses |

| Statistik | --> Erfassung und Aufbereitung betrieblicher Daten für einen<br><br>a) **innerbetrieblichen Vergleich** mit Zahlen vergangener Geschäftsjahre<br>b) **zwischenbetrieblichen Vergleich** mit Zahlen ähnlicher Betriebe<br><br>--> Daten dienen als Grundlage für künftige Unternehmensentscheidungen<br><br>**Beispiele:** *Personal-, Gehalts-, Lager-, Umsatzstatistiken* |
|---|---|
| Planung | --> Planung zukünftiger Entwicklungen, um die Ziele des Einzelhandelsunternehmens besser erreichen zu können<br><br>--> Instrument der Unternehmensführung<br><br>**Beispiele:** *Personal-, Investitions-, Finanzplan* |

Nach dem Informationsempfänger unterscheidet man folgende Bereiche des Rechnungswesens:

| Internes Rechnungswesen | Externes Rechnungswesen |
|---|---|
| --> enthält insbesondere die Kosten- und Leistungsrechnung<br><br>--> dient der Planung, Steuerung und Kontrolle von Einzelhandelsbetrieben<br><br>--> wird in der Regel nach innerbetrieblichen Erfordernissen ausgestaltet | --> enthält die Finanzbuchhaltung einschließlich der Bilanzierung sowie der Nebenbücher (z.B. Erfassung der Wareneingänge und Warenausgänge in der Lagerkartei) und die Statistiken<br><br>--> dient primär der Information von Außenstehenden wie Gläubigern, Fiskus, Banken, Kunden<br><br>--> wird nach einheitlichen handels- und steuerrechtlichen Vorschriften ausgestaltet |

# 2 Kaufmännisches Rechnen

## 2.1 Dreisatz

### Einfacher Dreisatz

### Gerades Verhältnis:

je mehr (gegebene Größe), desto mehr (gesuchte Größe)

⇒ Die Zahl im Fragesatz steht auf dem Bruchstrich.

**Beispiel:** *20 Meter eines Stoffes kosten 40,00 EUR. Wie viel kosten 50 Meter?*

| Bedingungssatz: | 20 Meter Stoff | entsprechen | 40,00 EUR |
|---|---|---|---|
| Fragesatz: | 50 Meter Stoff | entsprechen | x EUR |

Lösungssatz: $x = \dfrac{40 \cdot 50}{20} = \textbf{100,00 EUR}$

### Ungerades Verhältnis:

je mehr (gegebene Größe), desto weniger (gesuchte Größe)

⇒ Die Zahl im Fragesatz steht unter dem Bruchstrich.

**Beispiel:** *Sechs Arbeitskräfte brauchen für Inventurarbeiten 18 Stunden. Wie lange brauchen neun Arbeitskräfte?*

| Bedingungssatz: | 6 Arbeitskräfte | entsprechen | 18 Stunden |
|---|---|---|---|
| Fragesatz: | 9 Arbeitskräfte | entsprechen | x Stunden |

Lösungssatz: $x = \dfrac{18 \cdot 6}{9} = \textbf{12 Stunden}$

### Zusammengesetzter Dreisatz

**Beispiel:** *Sechs Arbeitskräfte zählen bei der Inventur 10.000 Artikel in 18 Stunden. Wie viele Stunden benötigen neun Arbeitskräfte für 12.500 Artikel?*

| Bedingungssatz: | 6 Arbeitskräfte | entsprechen | 10.000 Artikel |
|---|---|---|---|
| | entsprechen | 18 Stunden | |
| Fragesatz: | 9 Arbeitskräfte | entsprechen | 12.500 Artikel |
| | entsprechen | x Stunden | |

Lösungssatz: $x = \dfrac{18 \cdot 6 \cdot 12.500}{9 \cdot 10.000} = \textbf{15 Stunden}$

Erläuterung:

⇢ je mehr Arbeitskräfte, desto weniger Stunden ⇒ ungerades Verhältnis, d. h., 9 steht unter dem Bruchstrich.

⇢ je mehr Artikel, desto mehr Stunden ⇒ gerades Verhältnis, d. h., 12.500 steht auf dem Bruchstrich.

## 2.2 Durchschnittsrechnung

$$\text{Einfacher Durchschnitt} = \frac{\text{Summe der Einzelwerte}}{\text{Anzahl der Einzelwerte}}$$

**Beispiel:** *Berechnen Sie den Durchschnittspreis der Artikel A–C.*

| | Preis in EUR |
|---|---|
| Artikel A | 67,95 |
| Artikel B | 58,95 |
| Artikel C | 49,95 |

$$\text{Durchschnittspreis} = \frac{67,95 + 58,95 + 49,95}{3} = \textbf{58,95}$$

$$\text{Gewogener Durchschnitt} = \frac{\text{Summe der gewichteten Einzelwerte}}{\text{Summe der Gewichte}}$$

**Beispiel:** *Berechnen Sie den gewogenen Durchschnittspreis der Artikel.*

| | **Preis in EUR** | **Verkaufsmenge** |
|---|---|---|
| **Artikel A** | 67,95 | 70 |
| **Artikel B** | 58,95 | 95 |
| **Artikel C** | 49,95 | 65 |

$$\text{Gewogener Durchschnittspreis} = \frac{67,95 \cdot 70 + 58,95 \cdot 95 + 49,95 \cdot 65}{70 + 95 + 65} = \textbf{59,15 EUR}$$

## 2.3 Verteilungsrechnung

**Beispiel:** *Das Stadtbauamt stellt den drei Unternehmen ARNER OHG, BOHR KG und CRW GmbH die Anliegerkosten von 260.000,00 EUR für den Straßenbau im Gewerbegebiet in Rechnung,*

*die nach der Länge der Straßenfront im Verhältnis 6 : 5 : 2 zu vertei-
len sind. Wie hoch sind die Baukostenanteile der Unternehmen?*

**Rechenweg:**

1. Verteilungstabelle aufstellen (Name, Schlüssel, Ergebnis)
2. Summe der Anteile ermitteln
3. Wert pro Anteil mit Dreisatz errechnen
4. Verteilungsergebnisse berechnen (Anteile · Wert je 1 Anteil)

1. Verteilungstabelle:

| Name | Verteilungsschlüssel | Verteilungsergebnis |
|------|----------------------|---------------------|
| ARNER OHG | 6 | 120.000,00 EUR |
| BOHR KG | 5 | 100.000,00 EUR |
| CRW GmbH | 2 | 40.000,00 EUR |

2. Summe der Anteile:

**6 + 5 + 2 = 13**

3. Wert pro Anteil:

**13 Teile = 260.000,00 EUR**
**1 Teil   = x EUR**

$$x = \frac{260.000,00 \cdot 1}{13} = 20.000,00 \text{ EUR}$$

4. Verteilungsergebnisse:

**ARNER OHG:   6 · 20.000,00 EUR = 120.000,00 EUR**
**BOHR KG:    5 · 20.000,00 EUR = 100.000,00 EUR**
**CRW GmbH:   2 · 20.000,00 EUR =   40.000,00 EUR**

## 2.4   Prozentrechnung

▶ Die Prozentrechnung ist eine Vergleichsrechnung mit der
   Zahl 100 als Bezugsgröße (% = v. H.).

In der Prozentrechnung wird mit drei Größen gerechnet:

→ **Grundwert (G):** Wert, der mit der Vergleichszahl 100 verglichen
   wird. Er beträgt immer 100 %.
→ **Prozentwert (PW):** Teil des Grundwertes, der durch den
   Prozentsatz festgelegt ist
→ **Prozentsatz (p):** Anzahl der Anteile von 100

## Berechnung des Prozentsatzes (p)

### Aufgabe

**Betrieb A:**
Von 20 Azubis bestehen 18 Azubis die Prüfung.

**Betrieb B:**
Von 16 Azubis bestehen 14 Azubis die Prüfung.
Welche Ausbildungsgruppe ist besser?

**Problem:** unterschiedliche Bezugsgrößen (20 Azubis im Betrieb A, 16 Azubis im Betrieb B)
⇒ gemeinsame Bezugsgröße: 100

### Lösung mit Dreisatz:

| **Betrieb A** | **Betrieb B** |
|---|---|
| 20 Azubis = 100 % | 16 Azubis = 100 % |
| 18 Azubis = x % | 14 Azubis = x % |

$$x = \frac{100 \cdot 18}{20} \qquad\qquad x = \frac{100 \cdot 14}{16}$$

$$x = 90\,\% \qquad\qquad\qquad\quad x = 87,5\,\%$$

**Antwort:** Im Betrieb A bestehen 90 %, im Betrieb B nur 87,5 %. Die Ausbildungsgruppe des Betriebes A ist besser.

### Lösung mit Formel:

$$p = \frac{PW \cdot 100}{G}$$

## Die Berechnung des Prozentwertes (PW)

### Aufgabe

Ein Kaufmann hat bei einem Monatsumsatz von 45.000,00 EUR Kosten in Höhe von 20 %.

Wie viel Euro sind das?

### Lösung mit Dreisatz:

100 % = 45.000,00 EUR
  20 % = x EUR

$$x = \frac{45.000 \cdot 20}{100} = \textbf{9.000,00 EUR}$$

Die Kosten betragen 9.000,00 EUR.

**Lösung mit Formel:**

$$PW = \frac{G \cdot p}{100}$$

## Die Berechnung des Grundwertes (G)

### Aufgabe

Familie Evren muss 25 % ihres Nettoeinkommens für die Miete aufbringen. Die monatliche Miete beträgt 850,00 EUR.

Wie hoch ist das Nettoeinkommen der Familie Evren?

**Lösung mit Dreisatz:**

$$
\begin{array}{lr}
25\,\% = & 850{,}00\ \text{EUR} \\
100\,\% = & x\ \text{EUR}
\end{array}
$$

$$x = \frac{850 \cdot 100}{25} = \mathbf{3.400{,}00\ EUR}$$

Das Nettoeinkommen beträgt 3.400,00 EUR.

**Lösung mit Formel:**

$$G = \frac{PW \cdot 100}{p}$$

## Der vermehrte Grundwert (G⁺)

### Aufgabe

Ein Elektrofachgeschäft bietet einen Fernseher nach einer Preiserhöhung von 4 % zum neuen Preis von 468,00 EUR an.

Wie viel Euro betrug der ursprüngliche Preis vor der Preiserhöhung?

**Lösung mit Dreisatz:**

$$
\begin{array}{lr}
104\,\% = & 468{,}00\ \text{EUR} \\
100\,\% = & x\ \text{EUR}
\end{array}
$$

$$x = \frac{468 \cdot 100}{104} = \mathbf{450{,}00\ EUR}$$

$$
\begin{array}{lll}
G & G + PW & 100 + p \\
 & = G^+ &
\end{array}
$$

Der ursprüngliche Preis betrug 450,00 EUR.

**Lösung mit Formel:**

$$G = \frac{G^+ \cdot 100}{100 + p}$$

### Der verminderte Grundwert (G⁻)

#### Aufgabe

Eine Rechnung wird nach Abzug von 2 % Skonto mit 1.254,40 EUR bezahlt.

Wie hoch ist der Rechnungsbetrag?

**Lösung mit Dreisatz:**

$$98\,\% = 1.254,40 \text{ EUR}$$
$$100\,\% = \underline{\phantom{xxxxxx} x \text{ EUR}}$$

$$\boxed{x} = \frac{1.254,40 \cdot 100}{98} = \textbf{1.280,00 EUR}$$

G      G − PW      100 − p
        = G⁻

Der Rechnungsbetrag lautet 1.280,00 EUR.

**Lösung mit Formel:**

$$G = \frac{G^- \cdot 100}{100 - p}$$

## 2.5   Währungsrechnung

--> **Wechselkurs:** Preis eines Euros ausgedrückt in ausländischer Währung
--> **Geldkurs (Ankaufskurs):** Kurs, zu dem die Bank Euro ankauft
--> **Briefkurs (Verkaufskurs):** Kurs, zu dem die Bank Euro verkauft
--> **Sorten:** ausländisches Bargeld (Banknoten, Münzen)
    ⇒ Ankaufs- oder Verkaufskurs
--> **Devisen:** ausländisches Buchgeld (bargeldlos, z. B. Überweisungen, Schecks) ⇒ Geld- oder Briefkurs

## Umtausch von EUR in Auslandswährung

Deniz Mai macht Urlaub in den USA. Er möchte bei seiner deutschen Hausbank 500,00 EUR in bar in US-Dollar umtauschen. Wie viel Euro erhält er? (Ankaufskurs: 1,2158/Verkaufskurs: 1,2265)

**Vorüberlegung:** Die Bank kauft EUR. ⇒ Es gilt der Ankaufskurs.

**Lösung mit Dreisatz:**    1,00 EUR    entspricht    1,2158 USD
500,00 EUR    entspricht    x USD

$$x = \frac{1,2158 \cdot 500}{1} = \textbf{607,90 USD}$$

## Umtausch von Auslandswährung in EUR

Als Deniz Mai aus dem Urlaub zurückkommt, hat er noch 100,00 US-Dollar, die er bei seiner Hausbank in Euro umtauschen will. Wie viel Euro erhält er? (Ankaufskurs: 1,2158/Verkaufskurs: 1,2265)

**Vorüberlegung:** Die Bank verkauft EUR. ⇒ Es gilt der Verkaufskurs.

**Lösung mit Dreisatz:** 1,2265 USD    entspricht    1,00 EUR
100,00 USD    entspricht    x EUR

$$x = \frac{1 \cdot 100}{1,2265} = \textbf{81,53 EUR}$$

# 2.6    Zinsrechnung

## Grundbegriffe

| Begriff | Erläuterung | Entspricht in der Prozentrechnung dem |
|---------|-------------|----------------------------------------|
| Kapital (K) | Betrag, der verzinst wird | Grundwert |
| Zinssatz (p) | Verzinsung in % (immer auf ein Jahr bezogen) | Prozentsatz |
| Zinsen (z) | Verzinsung in EUR für einen bestimmten Zeitraum | Prozentwert |
| Zeitraum (t) | Zeitraum, für den die Verzinsung zu berechnen ist | – |

## Berechnung der Zinstage

| | Deutsche Methode (30/360) | act/act-Methode (tagegenaue Methode) | Euromethode (act/360-Methode) |
|---|---|---|---|
| Zinsmonat | 30 Tage; Ausnahme: wenn der Monat Februar das Ende der Laufzeit ist, endet Zinsberechnung am 28. bzw. 29. | genaue Kalendertage | genaue Kalendertage |
| Zinsjahr | 360 Tage | genaue Tage, d. h. 365 Tage bzw. im Schaltjahr 366 Tage | 360 Tage |
| Anwendungsbeispiele | z. B.<br>→ Darlehen<br>→ Ratenkredite<br>→ Festgelder<br>→ Kontokorrentkonten | z. B.<br>→ festverzinsliche Anleihen<br>→ Bundesobligationen<br>→ Bundesanleihen | z. B.<br>→ Anleihen mit variablem Zins (sog. „Floater")<br>→ Geldanlagen bei der Europäischen Zentralbank |

### Zinsformeln

**Beispiel:** *Berechnen Sie die Zinsen für einen Kredit in Höhe von 5.000,00 EUR bei einem Zinssatz von 8 % für einen Zeitraum von 90 Zinstagen.*

$$z = \frac{K \cdot p \cdot t}{100 \cdot 360} = \frac{5.000 \cdot 8 \cdot 90}{100 \cdot 360} = \textbf{100,00 EUR}$$

**Beispiel:** *Für einen Kredit fallen für einen Zeitraum von 90 Zinstagen bei einem Zinssatz von 8 % 100,00 EUR Zinsen an. Wie hoch war der Kredit?*

$$K = \frac{z \cdot 100 \cdot 360}{p \cdot t} = \frac{100 \cdot 100 \cdot 360}{8 \cdot 90} = 5.000,00 \text{ EUR}$$

**Beispiel:** *Für einen Kredit fallen für einen Zeitraum von 90 Zinstagen 100,00 EUR Zinsen an. Wie hoch war der Kreditzinssatz?*

$$p = \frac{z \cdot 100 \cdot 360}{K \cdot t} = \frac{100 \cdot 100 \cdot 360}{5.000 \cdot 90} = 8\%$$

**Beispiel:** *Für einen Kredit in Höhe von 5.000,00 EUR fallen bei einem Zinssatz von 8 % 100,00 EUR Zinsen an. Wie lange lief der Kredit?*

$$t = \frac{z \cdot 100 \cdot 360}{K \cdot p} = \frac{100 \cdot 100 \cdot 360}{5.000 \cdot 8} = 90 \text{ Tage}$$

### Effektivverzinsung bei Lieferantenkrediten

**Beispiel:** *Die Zahlungsbedingung eines Lieferanten lautet „Zahlungsziel 30 Tage, 8 Tage 2 % Skonto". Welchem Jahreszins entspricht der Lieferantenkredit, wenn der Käufer das Zahlungsziel beansprucht?*

**Lösung mit dem Dreisatz:**

| | | |
|---|---|---|
| 22 Tage (30 − 8 Tage) | entsprechen | 2 % |
| 360 Tage (ein Zinsjahr) | entsprechen | x % |

$$x = \frac{2\% \cdot 360}{22} = 32,727\%$$

Der Lieferantenkredit ist sehr teuer. Folglich lohnt es sich auf jeden Fall, innerhalb der ersten 8 Tage zu zahlen, um den Skonto von 2 % wahrzunehmen.

# 3 Kostenrechnung/Kalkulation

## 3.1 Grundbegriffe der Kostenrechnung

--> **Kosten:** alle Aufwendungen, die der Erfüllung des Betriebszwecks dienen. Alle nicht betriebszweckbezogenen Aufwendungen (betriebsfremde und außerordentliche Aufwendungen) gehören nicht zu den Kosten.

-→ **fixe Kosten:** Kosten, die unabhängig von der Verkaufsmenge bzw. Produktionsmenge immer gleich bleiben (z. B. Abschreibungen, Mietaufwendungen, Gehälter, Beiträge)

-→ **variable Kosten:** Kosten, die sich in Abhängigkeit von der Verkaufsmenge bzw. Produktionsmenge verändern (z. B. Aufwendungen für Waren, Verkaufsprovisionen)

-→ **Einzelkosten:** Kosten, die jedem Kostenträger (Produkt) direkt zugerechnet werden können (z. B. Wareneinsatz, Verkaufsprovisionen)

-→ **Gemeinkosten:** Kosten, die den Kostenträgern nur indirekt, d. h. über den Handlungskostenzuschlag (siehe Kapitel E 3.3 Verkaufskalkulation) zugerechnet werden können (z. B. Gehälter, Abschreibungen, Mietaufwendungen)

-→ **Kostenartenrechnung:** Erfassung der Kosten nach der Kostenart (z. B. Personalkosten, Energiekosten usw.)

-→ **Kostenstellenrechnung:** kostenrechnerische Erfassung nach dem Verursachungsprinzip, d. h., die Kosten werden den einzelnen betrieblichen Funktionen (z. B. Einkauf, Verwaltung) oder den Warengruppen (z. B. Elektronik, Haushaltswaren) zugeordnet. Ziel der Kostenstellenrechnung ist die Verteilung der Gemeinkosten auf die Kostenstellen und die Ermittlung des Handlungskostenzuschlags (siehe Kapitel E 3.3 Verkaufskalkulation).

-→ **Kostenträgerrechnung:** Zurechnung der Kosten auf den jeweiligen Kostenträger, sprich die Ermittlung der Selbstkosten je Produkt (siehe Kapitel E 3.3 Verkaufskalkulation)

## 3.2 Bezugskalkulation

**Skonto** ist ein Preisabzug, wenn eine Bezahlung der Rechnung innerhalb einer festgelegten Frist erfolgt. Er ist vom Zieleinkaufspreis (= 100 %) zu berechnen.

**Rabatt** ist ein Preisabzug aus verschiedenen Gründen, die nichts mit der Frist zur Bezahlung der Rechnung zu tun haben (z. B. Sonderrabatt, Treuerabatt, Mengenrabatt, Naturalrabatt und Wiederverkäuferrabatt). Er wird vom Listenpreis (= 100 %) berechnet.

**Bonus** ist eine Sondervergünstigung, die nachträglich gewährt wird und in der Höhe vom Umsatz abhängt. Er spielt in der Bezugskalkulation keine Rolle.

Die **Bezugskosten** (z.B. Verpackung, Fracht, Versicherung, Zölle) sind dem Bareinkaufspreis hinzuzurechnen.

Die **Umsatzsteuer** ist bei der Bezugskalkulation nicht zu berücksichtigen, da sie als Vorsteuer vom Finanzamt zurückerstattet wird. Sie hat somit keinen Kostencharakter.

**Beispiel:** *Ein Möbelgeschäft nimmt einen Schlafzimmerschrank in sein Sortiment auf. Berechnen Sie den Bezugspreis für den Schlafzimmerschrank, wenn folgende Angaben vorliegen:*

*Listenpreis: 500,00 EUR; Rabatt: 10%; Skonto: 2%; Bezugskosten: 39,00 EUR*

| | | | |
|---|---|---|---|
| Listenpreis (LP) | 500,00 EUR | 100% | |
| – Liefererrabatt (10% von LP) | 50,00 EUR | – 10% | |
| = Zieleinkaufspreis (ZEP) | 450,00 EUR | 90% | 100% |
| – Liefererskonto (2% vom ZEP) | 9,00 EUR | | – 2% |
| = Bareinkaufspreis | 441,00 EUR | | 98% |
| + Bezugskosten | 39,00 EUR | | |
| = Bezugspreis (= Einstandspreis) | 480,00 EUR | | |

## 3.3 Verkaufskalkulation

▶ **Handlungskosten** sind die Kosten der gesamten Betriebstätigkeit (z.B. allgemeine Verwaltungskosten, Löhne und Gehälter, Bürokosten, Raumkosten, Lagerkosten, Werbekosten u.Ä.).

Der **Handlungskostenzuschlag** ist ein Prozentsatz, der dem Bezugspreis bzw. Einstandspreis (= 100%) zugerechnet wird. Er berechnet sich wie folgt:

$$\text{Handlungskostenzuschlag (in \%)} = \frac{\text{Handlungskosten (in EUR)} \cdot 100}{\text{Wareneinsatz}}$$

▶ Der **Selbstkostenpreis** stellt die unterste Grenze des Verkaufspreises einer Ware dar. Er deckt alle Kosten, die mit dem Einkauf und Verkauf einer Ware zusammenhängen.

Der **Gewinnzuschlag** wird auf der Basis der Selbstkosten (= 100%) hinzugerechnet.

$$\text{Gewinnzuschlag (in \%)} = \frac{\text{Gewinn (in EUR)} \cdot 100}{\text{Selbstkosten (in EUR)}}$$

▶ Der **Nettoverkaufspreis** ist die Basis (= 100 %) für die Berechnung der Umsatzsteuer.

▶ Addiert man die Umsatzsteuer zum Nettoverkaufspreis, erhält man den **Bruttoverkaufspreis**, der dem Ladenpreis entspricht.

### Vorwärtskalkulation

### Aufgabe

Ein Möbelgeschäft nimmt einen Schlafzimmerschrank in sein Sortiment auf. Berechnen Sie den Verkaufspreis für den Schlafzimmerschrank, wenn folgende Angaben vorliegen:

| | |
|---|---|
| Listenpreis: | 500,00 EUR |
| Liefererrabatt: | 10 % |
| Liefererskonto: | 2 % |
| Bezugskosten: | 39,00 EUR |
| Handlungskosten: | 16 $\frac{2}{3}$ % |
| Gewinn: | 8 % |

| | | | |
|---|---|---|---|
| Listenpreis (LP) | 500,00 EUR | 100 % | |
| − Liefererrabatt (10 % von LP) | 50,00 EUR | − 10 % | |
| = Zieleinkaufspreis (ZEP) | 450,00 EUR | 90 % | 100 % |
| − Liefererskonto (2 % vom ZEP) | 9,00 EUR | | − 2 % |
| = Bareinkaufspreis | 441,00 EUR | | 98 % |
| + Bezugskosten | 39,00 EUR | | |
| = Bezugspreis (= Einstandspreis) | 480,00 EUR | 100 % | |
| + Handlungskosten (16 $\frac{2}{3}$ % vom BP) | 80,00 EUR | 16 $\frac{2}{3}$ % | |
| = Selbstkostenpreis (SKP) | 560,00 EUR | 116 $\frac{2}{3}$ % | 100 % |
| + Gewinnzuschlag (8 % vom SKP) | 44,80 EUR | | 8 % |
| = Nettoverkaufspreis (NVP) | 604,80 EUR | 100 % | 108 % |
| + Umsatzsteuer (19 % vom NVP) | 114,91 EUR | 19 % | |
| = Bruttoverkaufspreis | 719,71 EUR | 119 % | |

# Rückwärtskalkulation

**Beispiel:** *Um konkurrenzfähig zu sein, muss ein Einzelhändler eine Bluetooth-Box zu einem Verkaufspreis anbieten, der nicht über 75,00 EUR liegt. Den Rabatt von 5%, den er seinen Kunden gewährt, hat er dabei schon berücksichtigt. Gleiches gilt für die 3% Kundenskonto. Er kalkuliert mit Handlungskosten in Höhe von 30%.*

*Wie hoch darf der Bezugspreis maximal sein, wenn er 10% Gewinn machen will?*

| | | | |
|---|---|---|---|
| Bezugspreis (= Einstandspreis) | 48,33 EUR | | 100% |
| + Handlungskosten (30% vom BP) | 14,50 EUR | | 30% |
| = Selbstkostenpreis (SKP) | 62,83 EUR | 100% | 130% |
| + Gewinnzuschlag (10% vom SKP) | 6,28 EUR | 10% | |
| = Barverkaufspreis | 69,11 EUR | 110% | 97% |
| + Kundenskonto (3% vom ZVP) | 2,14 EUR | | 3% |
| = Zielverkaufspreis (ZVP) | 71,25 EUR | 95% | 100% |
| + Kundenrabatt (5% vom NVP) | 3,75 EUR | 5% | |
| = Nettoverkaufspreis (NVP) | 75,00 EUR | 100% | |

# Differenzkalkulation

**Beispiel:** *Der Fahrradhändler BiKing möchte ein neues Mountainbike in sein Sortiment aufnehmen. Dieses soll zu einem Preis von 1.695,00 EUR einschließlich 19% USt. angeboten werden.*

*Der Hersteller gibt das Fahrrad zu einem Listenpreis von 860,00 EUR ab und gewährt bei Barzahlung 2% Skonto. Die Bezugskosten pro Fahrrad betragen 5,80 EUR. Der Fahrradhändler kalkuliert mit 60% Handlungskosten.*

*Lohnt sich der Verkauf dieses Fahrrads?*

| | | |
|---|---|---|
| Listenpreis | 860,00 EUR | |
| – Liefererrabatt | — | |
| = Zieleinkaufspreis | 860,00 EUR | 100 % |
| – Liefererskonto (2 % vom ZEP) | 17,20 EUR | – 2 % |
| = Bareinkaufspreis | 842,80 EUR ▼ | 98 % |
| + Bezugskosten | 5,80 EUR | |
| = Bezugspreis (= Einstandspreis) | 848,60 EUR | 100 % |
| + Handlungskosten (60 % vom BP) | 509,16 EUR | 60 % |
| = Selbstkostenpreis | 1.357,76 EUR ▼ 160 % | 100 % |
| **+ Gewinn** | **66,61 EUR** $x = \dfrac{66,61 \cdot 100}{1.357,76} = \mathbf{4,9\,\%}$ | |
| = Nettoverkaufspreis | 1.424,37 EUR ▲ 100 % | |
| + Umsatzsteuer (19 % vom NVP) | 270,63 EUR | 19 % |
| = Bruttoverkaufspreis | 1.695,00 EUR | 119 % |

## 3.4   Verkürzte Kalkulationsverfahren

### Verkürzte Vorwärtskalkulation

$$\text{Kalkulationszuschlag (KZ) in \%} = \frac{\text{Bruttoverkaufspreis} - \text{Bezugspreis}}{\text{Bezugspreis}} \cdot 100$$

$$\text{Kalkulationsfaktor (Kf)} = \frac{\text{Bruttoverkaufspreis}}{\text{Bezugspreis}} \text{ oder } 1 + \frac{KZ}{100}$$

$\Rightarrow$ Bezugspreis · Kalkulationsfaktor = Bruttoverkaufspreis

### Verkürzte Rückwärtskalkulation

$$\text{Kalkulationsabschlag in \%} = \frac{\text{Bruttoverkaufspreis} - \text{Bezugspreis}}{\text{Bruttoverkaufspreis}} \cdot 100$$

$$\text{Handelsspanne in \%} = \frac{\text{Nettoverkaufspreis} - \text{Bezugspreis}}{\text{Nettoverkaufspreis}} \cdot 100$$

## 3.5 Deckungsbeitragsrechnung

Der **Deckungsbeitrag** gibt an, in welchem Maße ein Artikel oder eine Warengruppe zur Abdeckung der fixen Kosten beiträgt. Der Deckungsbeitrag wird auch als „direkte Produktrentabilität" (DPR) oder „direkte Produktprofitabilität" (DPP) bezeichnet.

> Verkaufserlöse (Umsatz)
> – variable Kosten
> = Deckungsbeitrag/Periode
> – fixe Kosten
> = Betriebserfolg

Deckungsbeitrag > fixe Kosten ⇒ Betriebsgewinn
Deckungsbeitrag < fixe Kosten ⇒ Betriebsverlust

# 4 Buchführung

## 4.1 Grundsätze ordnungsgemäßer Buchführung

Als Grundsätze ordnungsgemäßer Buchführung werden die im Handelsgesetzbuch (HGB) und der Abgabenordnung (AO) festgehaltenen Regeln für die Durchführung der Buchführung und die Aufstellung des Jahresabschlusses bezeichnet.

| Gesetzl. Grundlage | Inhalt |
|---|---|
| § 238 Abs. 1 HGB, § 145 Abs. 1 AO | Ein sachverständiger Dritter (Betriebsprüfer des Finanzamts) muss sich innerhalb einer angemessenen Zeit einen Überblick über die Geschäftsvorfälle und die Lage des Unternehmens verschaffen können. Damit dies gewährleistet ist, gilt: **Keine Buchung ohne Beleg!** Das heißt, für jede Buchung muss ein Beleg vorliegen, der diese nachvollziehbar macht. |
| § 244 HGB | Der **Jahresabschluss** ist **in deutscher Sprache** und **in Euro** aufzustellen. |
| § 239 Abs. 2 HGB, § 146 Abs. 1 AO | Die **Eintragungen** in den Büchern (Grund- und Hauptbuch) müssen **vollständig, richtig, zeitgerecht und geordnet** vorgenommen werden. |

| Gesetzl. Grundlage | Inhalt |
|---|---|
| § 239 Abs. 3 HGB, § 146 Abs. 4 AO | Die Aufzeichnungen dürfen nicht so verändert werden, dass der ursprüngliche Inhalt nicht mehr feststellbar ist. **Kein Radieren oder Durchstreichen; Löschen von Daten auf Datenträgern** ist also **verboten**. Fehlerhafte Buchungen müssen durch Stornobuchungen rückgängig gemacht werden. |
| §§ 240, 242 HGB | Zu Beginn seines Unternehmens und **am Schluss jedes Geschäftsjahres** muss der Kaufmann ein **Inventar** (§ 240) und eine **Bilanz** (§ 242) aufstellen. Die Bilanz ist von ihm persönlich zu unterschreiben (§ 242 Abs. 2). |
| § 257 HGB, § 147 AO | Die **Aufbewahrungspflicht** für Handelsbücher, Inventare, Bilanzen und Buchungsbelege besteht **zehn Jahre**. |
| § 158 AO | Die Buchführung ist der Besteuerung zugrunde zu legen, wenn sie den Vorschriften der §§ 140 bis 148 entspricht. |
| § 162 AO | Die Finanzbehörden haben die Buchführung zu schätzen, wenn sie schwere formelle und sachliche Fehler aufweist. |
| § 283b StGB | Verstößt ein Kaufmann bei Insolvenz und Zahlungseinstellung gegen die Buchführungspflicht, so kann er mit Freiheitsstrafe oder Geldstrafe bestraft werden. |

## 4.2    Inventur, Inventar

**Inventur**

▶ (§ 241 HGB): körperliche Bestandsaufnahme aller Vermögensgegenstände und Schulden (Tätigkeit des Messens, Zählens, Wiegens, Erfassens usw.)

**Arten der Inventur**

⤏ **Stichtagsinventur:** kann innerhalb von zehn Tagen vor oder nach dem Abschlussstichtag stattfinden

⇢ **verlegte Inventur:** kann innerhalb der letzten drei Monate vor oder innerhalb der ersten zwei Monate nach dem Abschlussstichtag stattfinden. Die Bestände müssen nur wertmäßig auf den Abschlussstichtag bezogen werden.

⇢ **permanente Inventur:** findet fortlaufend durch Eintragung in die Bestandskarteien bzw. -dateien statt. Die Buchbestände müssen mindestens einmal jährlich durch körperliche Aufnahmen (Ist-Bestände) überprüft werden.

## Gliederung des Inventars

A. Vermögen
   I. Anlagevermögen (bleibt langfristig im Betrieb)
      z. B. unbebaute Grundstücke, Betriebsgebäude, Betriebs- und Geschäftsausstattung (BGA), Maschinen etc.
   II. Umlaufvermögen (verbleibt nur kurzfristig im Betrieb)
      z. B. Waren, sonstige Vorräte, Forderungen, Bankguthaben, Kasse
B. Schulden (Fremdkapital)
   I. langfristige Schulden (Laufzeit >1 Jahr)
      z. B. Hypotheken, Darlehen
   II. kurzfristige Schulden (Laufzeit <1 Jahr)
      z. B. Verbindlichkeiten aus Lieferung und Leistungen
C. Reinvermögen (Eigenkapital)
   Summe des Vermögens – Summe der Schulden

# 4.3 Bilanz, Bestandskonten

## Bilanz

▶ Die Bilanz ist das kurzgefasste Inventar in Form eines T-Kontos.

## Bilanzgliederung

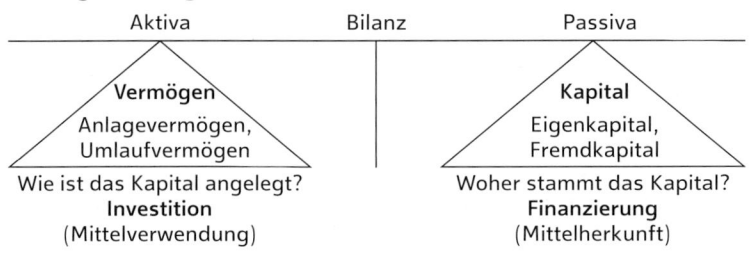

| Aktiva | Bilanz | Passiva |
|---|---|---|
| **Vermögen** | | **Kapital** |
| Anlagevermögen, Umlaufvermögen | | Eigenkapital, Fremdkapital |
| Wie ist das Kapital angelegt? **Investition** (Mittelverwendung) | | Woher stammt das Kapital? **Finanzierung** (Mittelherkunft) |

## Beispiel:

| AKTIVA | | BILANZ zum 31.12.20.. | | PASSIVA |
|---|---|---|---|---|
| **I. Anlagevermögen** | | **I. Eigenkapital** | | 60.000,00 |
| 1. Gebäude | 80.000,00 | | | |
| 2. BGA | 10.000,00 | **II. Fremdkapital** | | |
| | | 1. Darlehen | | 70.000,00 |
| **II. Umlaufvermögen** | | 2. Verbindlichkeiten | | 20.000,00 |
| 1. Waren | 20.000,00 | | | |
| 2. Bank | 40.000,00 | | | |
| | 150.000,00 | | | 150.000,00 |

## Auflösen der Bilanz in Konten

| Aktiva | | Bilanz | Passiva |
|---|---|---|---|
| Gebäude | 80.000,00 | Eigenkapital | 60.000,00 |
| BGA | 10.000,00 | Darlehen | 70.000,00 |
| Waren | 20.000,00 | Verbindlichkeiten | 20.000,00 |
| Bank | 40.000,00 | | |
| | 150.000,00 | | 150.000,00 |

**Aktivkonten = Vermögenskonten**

| S | Gebäude | H |
|---|---|---|
| AB 80.000,00 | | |

| S | BGA | H |
|---|---|---|
| AB 10.000,00 | | |

| S | Waren | H |
|---|---|---|
| AB 20.000,00 | | |

| S | Bank | H |
|---|---|---|
| AB 40.000,00 | | |

**Passivkonten = Kapitalkonten**

| S | Eigenkapital | H |
|---|---|---|
| | | AB 60.000,00 |

| S | Darlehen | H |
|---|---|---|
| | | AB 70.000,00 |

| S | Verbindlichkeiten | H |
|---|---|---|
| | | AB 20.000,00 |

--» Bei allen Konten der Aktivseite der Bilanz (= Aktivkonten) steht der Anfangsbestand im Soll.

--» Bei allen Konten der Passivseite der Bilanz (= Passivkonten) steht der Anfangsbestand im Haben.

## Buchen auf Bestandskonten

| S | Aktives Bestandskonto | H |
|---|---|---|
| Anfangsbestand | Abgänge | |
| Zugänge | Schlussbestand | |

| S | Passives Bestandskonto | H |
|---|---|---|
| Abgänge | Anfangsbestand | |
| Schlussbestand | Zugänge | |

▶ Auf der Seite, auf der der Bilanzposten in der Bilanz steht,
stehen der Anfangsbestand und die Zugänge. Folglich
befinden sich die Abgänge und der Schlussbestand auf der
jeweils anderen Kontenseite.

# 4.4 Erfolgskonten, Gewinn- und Verlustkonto (GuV)

## Aufwendungen

→ Alle Aufwendungen reduzieren das Eigenkapital.
→ Aufwandskonten sind z. B. Aufwendungen für Handelswaren,
Löhne und Gehälter, Bezugskosten, Mietaufwendungen,
Zinsaufwendungen etc.
→ Alle Aufwendungen werden auf Einzelkonten erfasst und im Soll
gebucht.

## Erträge

→ Alle Erträge erhöhen das Eigenkapital.
→ Ertragskonten sind z. B. Umsatzerlöse für Handelswaren,
Zinserträge, Mieterträge etc.
→ Alle Erträge werden auf Einzelkonten erfasst und im Haben
gebucht.

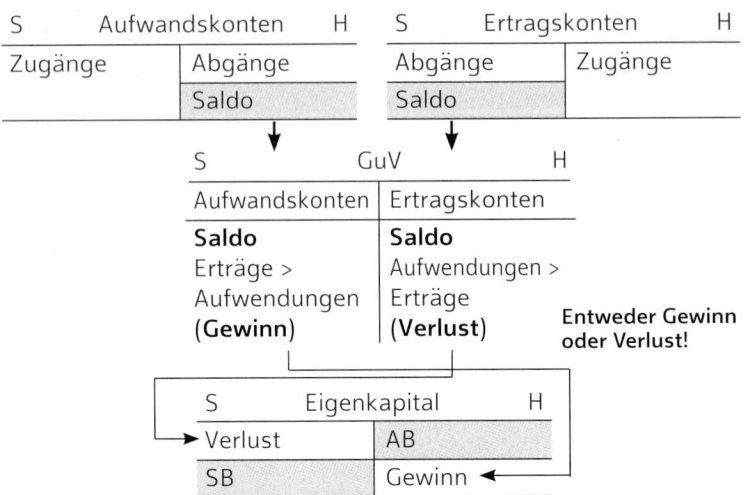

--→ Erfolgskonten besitzen keinen Anfangs- und Schlussbestand.
--→ Erfolgskonten werden immer auf das GuV-Konto abgeschlossen.
--→ Aufwendungen stehen in der GuV im Soll, Erträge im Haben.
--→ Das GuV-Konto wird auf das Eigenkapitalkonto abgeschlossen.

## 4.5 Warenkonten

Warenvorgänge werden auf drei verschiedene Konten gebucht:

| Aufwendungen für Waren | Aufwands-konto | Bei dem üblichen aufwandsorientierten Verfahren werden hier alle Wareneinkäufe (bewertet zu den jeweiligen Bezugspreisen) erfasst. |
|---|---|---|
| Handelswaren | Bestands-konto | --→ erfasst den Anfangs- und den Schlussbestand der Waren<br><br>--→ Es gilt:<br>• Anfangsbestand > Schlussbestand ⇒ Bestandsminderung<br>• Anfangsbestand < Schlussbestand ⇒ Bestandsmehrung |

| Umsatzerlöse für Handels- waren | Ertrags- konto | erfasst die Warenverkäufe (bewertet zu den jeweiligen Nettoverkaufs- preisen) |
|---|---|---|

**Ermittlung des Wareneinsatzes:**

Wareneinkäufe + Bestandsminderungen/-mehrungen = Wareneinsatz

Rohgewinn = Umsatzerlöse − Wareneinsatz

▶ Die **Debitorenbuchhaltung** beschäftigt sich mit der Erfassung und Verwaltung der offenen Forderungen (Debitoren = Kunden).

▶ Die **Kreditorenbuchhaltung** beschäftigt sich mit der Erfassung und Verwaltung der offenen Verbindlichkeiten (Kreditoren = Lieferanten bzw. externe Anbieter von Dienstleistungen).

## 4.6   Umsatzsteuer

Die Steuern bilden die wichtigste Einnahmequelle des Staates. Nach § 1 der Abgabenordnung (AO) handelt es sich bei den Steuern um einmalige oder laufende Abgaben, die ohne direkte Gegenleistung von einem öffentlich-rechtlichen Gemeinwesen kraft Gesetzes vereinnahmt werden.

▶ Die Umsatzsteuer ist eine Verkehrssteuer, die **ausschließlich von den Endverbraucher** getragen wird.

Nach § 1 Umsatzsteuergesetz (UStG) unterliegen alle Lieferungen und Leistungen, die ein Unternehmen im Inland gegen Entgelt ausführt, der Umsatzsteuer (USt.).

**Umsatzsteuerfrei** sind Vermietung, Export, Kredit- und Zahlungsverkehr der Kreditinstitute und Leistungen der Deutschen Bundespost.

Die **Umsatzsteuer beträgt** seit dem 01.01.2007 **19 %** von dem Entgelt, das der Lieferer in Rechnung stellt. Dem **ermäßigten Steuersatz** von **7 %** unterliegen z.B. wichtige Nahrungsmittel, landwirtschaftliche Produkte sowie Bücher, Zeitungen, Zeitschriften.

Die Umsatzsteuer, die man beim Einkauf bezahlt (Konto 2600 Vorsteuer), wird im Soll gebucht und stellt eine Forderung gegenüber dem Finanzamt dar.

Die Umsatzsteuer, die man beim Verkauf erhält (Konto 4800 Umsatzsteuer), wird im Haben gebucht und stellt eine Verbindlichkeit gegenüber dem Finanzamt dar.

**Für Unternehmen** ist die Umsatzsteuer ein **durchlaufender Posten**, da sie mit dem Finanzamt verrechnet wird. Der Unternehmer hat bis zum 10. Tag nach Ablauf eines Kalendermonats (Voranmeldungszeitraum) eine **Umsatzsteuervoranmeldung** nach amtlich vorgeschriebenem Vordruck abzugeben, indem er die Steuer für den Voranmeldungszeitraum (Vorauszahlung) selbst berechnet (**Zahllast = eingenommene Umsatzsteuer – gezahlte Vorsteuer**). Gleichzeitig ist die Vorauszahlung (Zahllast) zu entrichten. Nach Ablauf des Kalenderjahrs muss der Unternehmer eine **Umsatzsteuererklärung** abgeben, in der die endgültige Steuerschuld (Zahllast) selbst berechnet wird (Steueranmeldung).

# 4.7 Anlagenwirtschaft

## 4.7.1 Kauf von Anlagegütern

Vermögensgegenstände, die dem Einzelhandelsunternehmen langfristig dienen, gehören zum **Anlagevermögen** (z. B. Ladeneinrichtung, Fuhrpark). Beim Erwerb werden diese Güter mit ihren Anschaffungskosten erfasst.

| Anschaffungspreis | Nettopreis ohne Umsatzsteuer |
|---|---|
| – Anschaffungspreisminderungen | Rabatte, Skonti, Boni, sonstige Nachlässe |
| + Anschaffungsnebenkosten | Transport, Montage, Umbau, Provisionen |
| = **Anschaffungskosten** | |

## 4.7.2 Abschreibung auf Sachanlagen

Anlagegüter werden von Einzelhandelsunternehmen langfristig genutzt. Sie verlieren dabei an Wert durch

⤳ Abnutzung beim Gebrauch,
⤳ technischen Fortschritt,
⤳ wirtschaftliche Überholung (Modewechsel),
⤳ natürlichen Verschleiß.

Diese Wertminderungen werden in der Buchhaltung als Aufwand erfasst und als **Abschreibungen** bezeichnet.

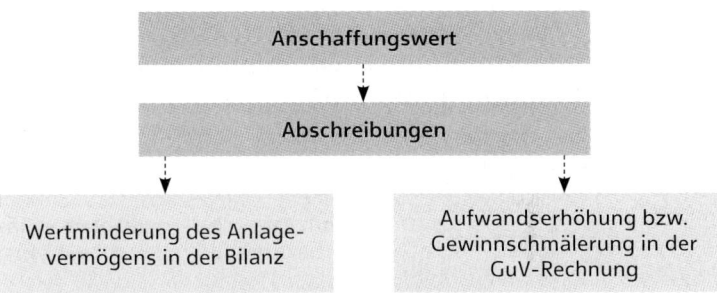

Anschaffungswert – bisherige Abschreibung = Restbuchwert

Man unterscheidet folgende Abschreibungsmethoden:

| Lineare Abschreibung | Degressive Abschreibung |
| --- | --- |
| Der jährliche Abschreibungsbetrag ist immer gleich hoch. | Bei dieser Methode ergeben sich jährlich fallende Abschreibungsbeträge, da jeweils ein bestimmter Prozentsatz vom Restbuchwert abgeschrieben wird. |
| $\text{Abschreibungsbetrag} = \dfrac{\text{Anschaffungskosten}}{\text{Nutzungsdauer}}$<br><br>Die Nutzungsdauer wird von der Finanzbehörde in sogenannten AfA-Tabellen festgesetzt. | Mit dem 2. Corona-Steuerhilfegesetz hat die Bundesregierung die seit 2011 abgeschaffte degressive Abschreibung wieder eingeführt (nur für bewegliche Wirtschaftsgüter, die in den Jahren 2020 und 2021 angeschafft oder hergestellt wurden). Sie beträgt das 2,5-fache der linearen Abschreibung, jedoch max. 25 %. |

Durch die Abschreibung mindert sich der Gewinn des Unternehmens und die steuerliche Belastung sinkt. Je kürzer die vorgegebene Nutzungsdauer ist, desto höher ist die jährliche Abschreibung und desto günstiger ist dies für das Unternehmen.

### 4.7.3 Geringwertige Wirtschaftsgüter

**Bewegliche Anlagegüter können bis zu einem Wert von 250,00 EUR** Anschaffungskosten (netto) sofort als Aufwand gebucht werden (Verbrauchsfiktion). Bei Anschaffungskosten von 250,00 EUR bis 1.000,00 EUR (netto) können selbstständig nutzbare Wirtschaftsgüter über fünf Jahre in einem jahresbezogenen Sammelposten („Pool") linear abgeschrieben werden. Ein Ausscheiden des Wirtschaftsgutes (Verkauf, Zerstörung u. Ä.) berührt das Sammelkonto nicht.

Alternativ können selbstständig nutzbare Wirtschaftsgüter bis 800,00 EUR (netto) als Betriebsausgaben geltend gemacht werden.

Eine Kombination beider GWG-Methoden ist nicht zulässig. Es gilt also: entweder Poolabschreibung oder 800-Euro-Abschreibung!

## 4.8 Organisation der Buchführung

### Bücher der Buchführung

⇢ **Grundbuch:** enthält alle Buchungssätze in zeitlich richtiger Reihenfolge
⇢ **Hauptbuch:** enthält sämtliche Sachkonten mit den richtigen Buchungen
⇢ **Kontokorrentbuch:** erfasst die Konten der Kunden (Debitoren) und Lieferer (Kreditoren)

### Kontenrahmen

Der Kontenrahmen ist die systematische Gliederung sämtlicher Konten, die für alle Unternehmen einer Branche erforderlich ist. Jedes Konto hat eine vierstellige Kontonummer, die sich durch eine Einteilung in Kontenklassen, Kontengruppen, Kontenarten und Kontenunterarten ergibt. So ist eine klare Übersicht und die Vergleichbarkeit mit anderen Unternehmen sowie eine Vereinfachung der Buchungsarbeit und eine vereinfachte Prüfung gewährleistet.

| 1. Stelle | **Kontenklasse** | 5 | Erträge |
|-----------|------------------|------|---------|
| 2. Stelle | **Kontengruppe** | 50 | Umsatzerlöse |
| 3. Stelle | **Kontenart** | 500 | Umsatzerlöse Warengruppe I |
| 4. Stelle | **Einzelhandelskontenrahmen** | 5001 | Erlösberichtigungen |

## Einzelhandelskontenrahmen (siehe auch S. 228 ff.)

| Klasse | Konteninhalt | | |
|--------|--------------|---|---|
| 0 | immaterielle Vermögensgegenstände und Sachanlagen | Anlagevermögen | aktive Bestandskonten |
| 1 | Finanzanlagen | | |
| 2 | Umlaufvermögen und aktive Rechnungsabgrenzung | Umlaufvermögen | |
| 3 | Eigenkapital und Rückstellungen | Eigenkapital | passive Bestandskonten |
| 4 | Verbindlichkeiten und passive Rechnungsabgrenzung | Fremdkapital | |
| 5 | Erträge | Ertragskonten | Erfolgskonten |
| 6 | betriebliche Aufwendungen | Aufwandskonten | |
| 7 | weitere Aufwendungen | | |
| 8 | Ergebnisrechnung | Bilanz und GuV | Abschlusskonten |
| 9 | Kosten- und Leistungsrechnung | Rechnungskreis II (für die Kosten- und Leistungsrechnung) | |

## Kontenplan

Aus der Menge der zur Verfügung stehenden Konten sucht sich das Unternehmen die passenden Konten heraus und erstellt seinen eigenen Kontenplan.

# 5 Statistik

## 5.1 Aufgaben

Die Statistik ist ein Teilbereich des betrieblichen Rechnungswesens. Ihre Aufgabe ist die Aufbereitung und übersichtliche Darstellung des aus der Buchhaltung und der Kosten- und Leistungsrechnung stammenden Zahlenmaterials.

Bei der Statistik unterscheidet man den innerbetrieblichen und den zwischenbetrieblichen Vergleich:

| Innerbetrieblicher Vergleich | Zwischenbetrieblicher Vergleich |
|---|---|
| Hier werden Daten aus dem Einzelhandelsunternehmen miteinander verglichen. **Beispiel:** *Umsatzentwicklung im Zeitablauf* | Verglichen werden innerbetriebliche Daten wie Umsatz, Mitarbeiterzahl, Verkaufsfläche mit den Zahlen ähnlicher Einzelhandelsbetriebe. |

## 5.2 Darstellungsmethoden

Die Aufbereitung des betrieblichen Zahlenmaterials erfolgt in der Statistik durch Tabellen und Diagramme. Sie dienen dazu, das Zahlenmaterial anschaulicher zu machen. Die Art der Darstellung hängt u. a. ab von

⤳ der Art des Zahlenmaterials,
⤳ dem Zweck der Darstellung.

### Tabellen – Beispiel Umsatztabelle

| Quartale | Warengruppe 1 (Umsätze in EUR) |
|---|---|
| 1 | 13.400,00 |
| 2 | 12.800,00 |
| 3 | 17.500,00 |
| 4 | 15.600,00 |
| **Summe** | **59.300,00** |

# Grafiken

--> Balkendiagramm

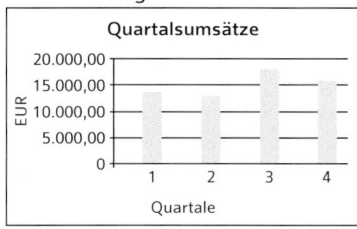

--> Kurvendiagramm

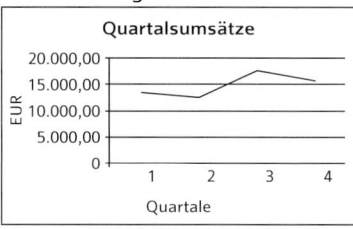

--> Kreisdiagramm

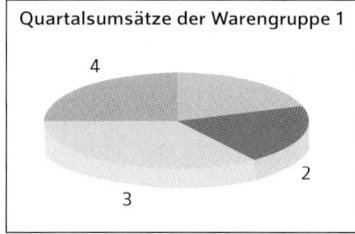

--> Flächendiagramm

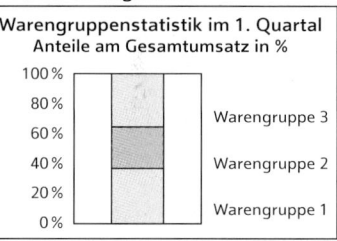

# 6  Controlling

## 6.1  Begriff und Aufgaben

Controlling ist ein Instrument, das die Unternehmensleitung in ihren Entscheidungen unterstützt.

Es dient einer ergebnisorientierten Planung, Steuerung und Kontrolle des gesamten Unternehmens in all seinen Bereichen. Es ist ein

- --> **Informationsinstrument:** Beschaffung und Aufbereitung von Informationen;
- --> **Planungsinstrument:** Formulierung und Vorgabe von messbaren Zielen;
- --> **Kontrollinstrument:** Überwachung, ob die vorgegebenen Planwerte eingehalten wurden;
- --> **Steuerungsinstrument:** Analyse der Ursachen von Abweichungen und Vorschläge für mögliche Steuerungsmaßnahmen zur Zielerreichung.

Ziel des Controlling ist es, eine vorausschauende Erfolgssteuerung des Unternehmens zu ermöglichen.

## 6.2 Instrumente

→ **Kennzahlensysteme:** Zusammenfassung von mehreren Kennzahlen aus einem bestimmten betrieblichen Bereich, z. B. Lagerkennzahlen

→ **Budgetierung:** Vorgabe von Planzahlen (Soll-Werte) für alle betrieblichen Teilbereiche in Form von Mengengrößen (z. B. geplante Verkaufszahlen für eine Warengruppe) und von Wertgrößen (z. B. Vorgabe der Personalaufwendungen für das Lager)

→ **Soll-Ist-Vergleiche:** Vergleich der Plandaten mit den tatsächlich erwirtschafteten Daten (Ist-Werten); Analyse der Abweichungsursachen

→ **Berichtswesen:** Sammlung, Auswertung und Präsentation von betrieblichen Informationen. Das Berichtswesen liefert den Entscheidungsträgern Daten für Planung, Kontrolle und Steuerung.

## 6.3 Anwendungsbereiche

Die wichtigsten Anwendungsfelder für das Controlling in Einzelhandelsbetrieben sind die warenwirtschaftlichen Bereiche Beschaffung, Lagerwirtschaft und Absatz. Daneben wird das Controlling auch im Personal- und Finanzbereich eingesetzt. Die Erfassung und Aufbereitung von Daten erfolgt mithilfe von EDV-gestützten Warenwirtschaftssystemen.

| Lagercontrolling | → **Lagerkennziffern:** Siehe dazu Kapitel C 3.7. |
| --- | --- |
| | → **Analyse der Lagerhaltungskosten:** Die Minimierung der Lagerhaltungskosten ist ein wesentliches Ziel im Einzelhandel. Die Analyse dieser Kosten gibt u. a. Hinweise, welche Lagerhaltungskosten vom Einzelhändler beim Einkauf beeinflussbar sind (variable Kosten) und welche von der gelagerten Menge unabhängig sind (Fixkosten). |
| | → **Einkaufs- und Lagerstatistiken:** Sie erfassen u. a. die Wareneingänge und Lagerbewegungen, die Lagerdauer und den Lagerumschlag. Sie geben dadurch wichtige Hinweise für eine optimale Vorratshaltung. |

| | |
|---|---|
| **Beschaffungs-controlling** | --›**Lieferantenanalyse:**<br>Mithilfe einer ABC-Analyse seiner Lieferanten kann ein Einzelhandelsbetrieb feststellen, wie stark der Einkauf sich auf bestimmte Lieferer konzentriert. Hieraus erhält er Rückschlüsse z. B. für Verhandlungen über Einkaufskonditionen.<br><br>--›**Limitplanung und Limitkontrolle:**<br>Die Kontrolle der Einhaltung eines vorgegebenen Limits beim Einkauf ermöglicht eine Begrenzung des Beschaffungsrisikos. |
| **Absatz-controlling** | --›**Verkaufsdatenanalyse:**<br>Das Warenwirtschaftssystem liefert Informationen über die getätigten Umsätze, gegliedert nach einzelnen Artikeln, Warengruppen oder Kunden.<br><br>--›**Renner-Penner-Liste:**<br>Sie gibt Auskunft über gut verkaufbare Artikel (Renner) und schlecht verkaufbare Ware (Penner) und zeigt die tatsächlichen Verkaufszahlen eines Artikels für einen bestimmten Zeitraum.<br><br>--›**Umsatz/Absatz im Verhältnis zur Kundenzahl:**<br>Die Kennzahlen ermöglichen einen Vergleich verschiedener Filialen.<br><br>--›**Umsatz/Absatz im Verhältnis zur Verkaufsfläche:**<br>Diese Kennzahlen zeigen z. B. den Monatsumsatz bzw. Monatsabsatz pro m$^2$ Verkaufsfläche.<br><br>--›**Umsatz je Mitarbeitendem/Team:**<br>erfasst werden die Umsätze pro Verkäufer/-in, der Anteil der Kundenretouren oder die Zahl der bedienten Kunden |

| Personal-controlling | → **Personalkostenanalyse:** Darstellung der wichtigsten Einflussfaktoren auf die Personalkosten |
|---|---|
| | → **Analyse der Personalstruktur:** Hierzu dienen Kennzahlen wie die Anteile höher qualifizierter Mitarbeitender (Qualifizierungsquote), der Auszubildenden (Ausbildungsquote), von Teilzeitbeschäftigten oder von Frauen und Männern im Unternehmen. |
| | → **Analyse der Personalentwicklung:** Das Controlling liefert in diesem Bereich Kennzahlen über Krankenstand, Fehlzeiten und Fluktuation. |
| **Controlling im Finanz- und Rechnungs-wesen** | → **Unternehmungs- und Unternehmergewinn:** |

Erträge (Kontenklasse 5)
– Aufwendungen (Kontenklasse 6 + 7)
= Unternehmungsgewinn (Reingewinn aus der GuV)
– Unternehmerlohn (bei Einzelunternehmern und Personengesellschaften)
= Unternehmergewinn
– außerordentliche/betriebsfremde Erträge
+ außerordentliche/betriebsfremde Aufwendungen
= Betriebsergebnis (Kostenrechnung)

→ **Eigenkapitalrentabilität:**
Sie gibt die Verzinsung des eingesetzten Eigenkapitals an.

$$\text{EK-Rentabilität} = \frac{\text{Gewinn} \cdot 100}{\text{Eigenkapital}}$$

→ **Umsatzrentabilität:**
Sie zeigt an, wie viel Euro Gewinn je 100,00 EUR Umsatz dem Einzelhandelsunternehmen zugeflossen sind.

$$\text{Umsatzrentabilität} = \frac{\text{Gewinn} \cdot 100}{\text{Umsatz}}$$

→ **Eigenkapitalquote:**
Sie zeigt an, welchen prozentualen Anteil das Eigenkapital an der Gesamtfinanzierung des Unternehmens hat.

$$\text{Eigenkapitalquote} = \frac{\text{Eigenkapital} \cdot 100}{\text{Gesamtkapital} (= \text{EK} + \text{FK})}$$

→ **Liquidität:**
Sie gibt Auskunft über die Zahlungsfähigkeit des Unternehmens.

$$\frac{\text{Liquidität}}{1. \text{ Grades}} = \frac{\text{flüssige Mittel} (= \text{Bank} + \text{Kasse}) \cdot 100}{\text{kurzfristige Schulden}}$$

$$\frac{\text{Liquidität}}{2. \text{ Grades}} = \frac{(\text{liquide Mittel} + \text{kurzfr. Forderungen}) \cdot 100}{\text{kurzfristige Schulden}}$$

$$\frac{\text{Liquidität}}{3. \text{ Grades}} = \frac{\text{Umlaufvermögen} \cdot 100}{\text{kurzfristige Schulden}}$$

→ **Cashflow („Geldfluss", „Kapitalfluss")**
Er dient in der wirtschaftlichen Unternehmensanalyse als Ertragsindikator.

Cashflow = Jahresüberschuss + Abschreibungen + Zunahme der langfristigen Rückstellungen

# Einzelhandelskontenrahmen (EKR)

| Kontenklasse | 0 |
| --- | --- |
| Anlagevermögen Immaterielle Vermögensgegenstände und Sachanlagen | |

**Immaterielle Vermögensgegenstände**

**02 Konzessionen, gewerbliche Schutzrechte, Lizenzen**
  0200 Konzessionen, gewerbliche Schutzrechte, Lizenzen

**05 Grundstücke, grundstücksgleiche Rechte und Bauten einschließlich der Bauten auf fremden Grundstücken**
  0500 Unbebaute Grundstücke
  0510 Bebaute Grundstücke
  0530 Betriebsgebäude
  0540 Verwaltungsgebäude
  0550 Andere Bauten
  0560 Grundstückseinrichtungen
  0570 Gebäudeeinrichtungen
  0590 Wohngebäude

**08 Andere Anlagen, Betriebs- und Geschäftsausstattung**
  0800 Andere Anlagen
  0810 Ladenausstattung
  0820 Kassensysteme
  0830 Lagerausstattung
  0840 Fuhrpark
  0860 Büromaschinen, Organisationsmittel und Kommunikationsanlage
  0870 Betriebs- und Geschäftsausstattung
  0880 Geringwertige Wirtschaftsgüter
  0890 Sammelposten der Betriebs- und Geschäftsausstattung (Wirtschaftsgüter ab 250,00 EUR bis 1.000,00 EUR)

| Kontenklasse | 1 |
| --- | --- |
| Anlagevermögen Finanzanlagen | |

**Finanzanlagen**

**13 Beteiligungen**
  1300 Beteiligungen

**15 Wertpapiere des Anlagevermögens**
  1500 Stammaktien
  1590 Sonstige Wertpapiere

**16 Sonstige Finanzanlagen**
  1600 Sonstige Finanzanlagen

| Kontenklasse | 2 |
| --- | --- |
| Umlaufvermögen und aktive Rechnungsabgrenzung | |

**Vorräte**

**20 Waren/Bestände**
  2000 Waren (Sammelkonto)
  2010 Waren (Gruppe 1)
  2020 Waren (Gruppe 2)
**21 Betriebsstoffe/Bestände**
  2100 Betriebsstoffe
**22 Sonstiges Material/Bestände**
  2200 Verpackungsmaterial
  2210 Leergut
**23 Geleistete Anzahlungen auf Vorräte**
  2300 Geleistete Anzahlungen auf Vorräte

**Forderungen und sonstige Vermögensgegenstände**

**24 Forderungen aus LL.**
  2400 Forderungen aus Lieferungen und Leistungen
  2450 Besitzwechsel
  2470 Zweifelhafte Forderungen
**26 Sonstige Vermögensgegenstände**
  2600 Vorsteuer (voller Steuersatz)
  2610 Vorsteuer (ermäßigter Steuersatz)
  2630 Sonstige Forderungen an Finanzbehörden
  2640 SV-Beitragsvorauszahlung
  2650 Forderungen an Mitarbeiter
  2690 Sonstige Forderungen (Jahresabgrenzung)
**27 Wertpapiere des Umlaufvermögens**
  2700 Wertpapiere des Umlaufvermögens
**28 Flüssige Mittel**
  2800 Kreditinstitute (Bank)
  2850 Postbank

| | |
|---|---|
| 2860 | Schecks |
| 2880 | Kasse |
| 2890 | Nebenkassen |

**29 Aktive Rechnungsabgrenzung (ARA)**
- 2900 Aktive Rechnungsabgrenzung
- 2910 Disagio

---

## Kontenklasse 3
## Eigenkapital und Rückstellungen

**Eigenkapital**

**30 Eigenkapital**
- 3000 Eigenkapital
  - 3001 Privatkonto
- 3070 Kommanditkapital

Bei Kapitalgesellschaften
- 3000 Gezeichnetes Kapital
  (Grundkapital/Stammkapital)

**31 Kapitalrücklage**
- 3100 Kapitalrücklage

**32 Gewinnrücklagen**
- 3210 Gesetzliche Rücklagen
- 3240 Andere Gewinnrücklagen

**33 Ergebnisverwendung**
- 3310 Gewinn-/Verlustvortrag
  (aus dem Vorjahr)

**34 Jahresüberschuss/Jahresfehlbetrag**
- 3400 Jahresüberschuss/Jahresfehlbetrag (des lfd. Geschäftsjahres)

**36 Wertberichtigungen**
- 3670 Einzelwertberichtigung zu Forderungen
- 3680 Pauschalwertberichtigung zu Forderungen

**Rückstellungen**

**37 Rückstellungen für Pensionen und ähnliche Verpflichtungen**
- 3700 Rückstellungen für Pensionen und ähnliche Verpflichtungen

**38 Steuerrückstellungen**
- 3800 Steuerrückstellungen

**39 Sonstige Rückstellungen**
- 3910 - für Gewährleistungen
- 3920 - für Rechts- und Beratungskosten

| | |
|---|---|
| 3930 | - für andere ungewisse Verbindlichkeiten |
| 3990 | - für andere Aufwendungen |

---

## Kontenklasse 4
## Verbindlichkeiten und passive Rechnungsabgrenzung

**Verbindlichkeiten**

**41 Anleihen**

**42 Verbindlichkeiten gegenüber Kreditinstituten**
- 4200 Kurzfristige Bankverbindlichkeiten
- 4250 Langfristige Bankverbindlichkeiten

**43 Erhaltene Anzahlungen auf Bestellungen**
- 4300 Erhaltene Anzahlungen auf Bestellungen

**44 Verbindlichkeiten aus Lieferungen und Leistungen**
- 4400 Verbindlichkeiten aus Lieferungen und Leistungen

**45 Wechselverbindlichkeiten**
- 4550 Schuldwechsel

**48 Sonstige Verbindlichkeiten**
- 4800 Umsatzsteuer (voller Steuersatz)
- 4810 Umsatzsteuer (ermäßigter Steuersatz)
- 4830 Verbindlichkeiten gegenüber Finanzbehörden
- 4840 Verbindlichkeiten gegenüber Sozialversicherungsträgern
- 4850 Verbindlichkeiten gegenüber Mitarbeitern
- 4860 Verbindlichkeiten aus vermögenswirksamen Leistungen
- 4870 Verbindlichkeiten gegenüber Gesellschaftern
- 4880 Sonstige Steuerverbindlichkeiten
- 4890 Sonstige Verbindlichkeiten (Jahresabgrenzung)

**49 Passive Rechnungsabgrenzung (PRA)**
- 4900 Passive Rechnungsabgrenzung

## Kontenklasse 5
### Umsatzerlöse und sonstige Erträge

**50 Umsatzerlöse**
- 5000 Umsatzerlöse für Waren (Sammelkonto)
  - 5001 Erlösberichtigungen

**51 Sonstige Umsatzerlöse**
- 5100 Sonstige Umsatzerlöse (aus Dienstleistungen)
  - 5101 Erlösberichtigungen

**54 Sonstige betriebliche Erträge**
- 5400 Nebenerlöse aus Vermietung und Verpachtung (Mieterträge)
- 5410 Sonstige Erlöse
- 5420 Entnahme (Eigenverbrauch)
- 5430 Andere sonstige betriebliche Erträge
- 5460 Erträge aus dem Abgang von Vermögensgegenständen (Nettoerlös: Erlös – Buchwert)
- 5480 Erträge aus der Auflösung von Rückstellungen
- 5490 Periodenfremde Erträge

**55 Erträge aus Beteiligungen**
- 5500 Erträge aus Beteiligungen

**56 Erträge aus Wertpapieren**
- 5600 Erträge aus Wertpapieren

**57 Sonstige Zinsen und ähnliche Erträge**
- 5710 Zinserträge
- 5730 Diskonterträge
- 5780 Erträge aus Wertpapieren des Umlaufvermögens
- 5790 Sonstige zinsähnliche Erträge

**58 Außerordentliche Erträge**
- 5800 Außerordentliche Erträge

## Kontenklasse 6
### Betriebliche Aufwendungen

**Materialaufwand**

**60 Aufwendungen für Waren**
- 6000 Aufwendungen für Waren (Sammelkonto)
  - 6001 Bezugskosten
  - 6002 Nachlässe

**61 Aufwendungen für Material und bezogene Leistungen**
- 6100 Fremdleistungen für Erzeugnisse und andere Umsatzleistungen
- 6140 Ausgangsfrachten und Nebenkosten (Fremdlager)
- 6100 Aufwendungen für Betriebsstoffe
- 6101 Aufwendungen für Verpackungsmaterial
- 6102 Aufwendungen für Leergut
- 6103 Aufwendungen für Energie
- 6104 Aufwendungen für Reparaturmaterial
- 6105 Aufwendungen für Reinigungsmaterial
- 6106 Aufwendungen für sonstiges Material
- 6110 Frachten und Fremdlager
- 6111 Vertriebsprovision
- 6112 Fremdinstandhaltung
- 6113 Abfallentsorgung
- 6114 Reinigung

**Personalaufwand**

**62 Löhne**
- 6200 Löhne
- 6210 Sonstige Lohnaufwendungen

**63 Gehälter**
- 6300 Gehälter
- 6310 Sonstige Gehaltsaufwendungen

**64 Soziale Abgaben und Aufwendungen für Altersversorgung und für Unterstützung**
- 6400 Arbeitgeberanteil zur Sozialversicherung
- 6420 Beiträge zur Berufsgenossenschaft
- 6440 Aufwendungen für Altersversorgung

**Abschreibungen auf Anlagevermögen**

**65 Abschreibungen**
- 6510 Abschreibung auf immaterielle Vermögensgegenstände des Anlagevermögens
- 6520 Abschreibungen auf Sachanlagen
- 6530 Abschreibungen auf geringwertige Wirtschaftsgüter
- 6540 Abschreibungen auf Sammelposten (Wirtschaftsgüter ab 250,00 EUR bis 1.000,00 EUR)

6550 Außerplanmäßige Abschreibungen auf Sachanlagen

**Sonstige betriebliche Aufwendungen**

**66 Sonstige Personalaufwendungen**
6600 Sonstige Personalaufwendungen

**67 Aufwendungen für die Inanspruchnahme von Rechten und Diensten**
6700 Mieten, Pachten
6710 Leasing
6720 Lizenzen und Konzessionen
6730 Gebühren
6750 Kosten des Geldverkehrs
6760 Provisionsaufwendungen (außer Vertriebsprovision)
6770 Rechts- und Beratungskosten

**68 Aufwendungen für Kommunikation (Dokumentation, Information u. Reisen)**
6800 Büromaterial
6810 Zeitungen und Fachliteratur
6820 Postgebühren, Telefon
6850 Reisekosten
6860 Bewirtung und Präsentation
6870 Werbung
6880 Spenden
6890 Sonstige Aufwendungen für Kommunikation

**69 Aufwendungen für Beiträge und Sonstiges sowie Wertkorrekturen und periodenfremde Aufwendungen**
6900 Versicherungsbeiträge
6920 Beiträge zu Wirtschaftsverbänden und Berufsvertretungen
6930 Verluste aus Schadensfällen
6950 Abschreibungen auf Forderungen
    6951 Abschreibungen auf Forderungen
    6952 Einstellung in Einzelwertberichtigung
    6953 Einstellung in Pauschalwertberichtigung
6960 Verluste aus dem Abgang von Vermögensgegenständen
6990 Periodenfremde Aufwendungen

---

| Kontenklasse | 7 |
| --- | --- |
| **Weitere Aufwendungen** | |

**70 Betriebliche Steuern**
7020 Grundsteuer
7030 Kraftfahrzeugsteuer
7070 Ausfuhrzölle
7080 Verbrauchsteuer
7090 Sonstige betriebliche Steuern

**74 Abschreibungen auf Finanzanlagen und auf Wertpapiere des Umlaufvermögens**
7420 Abschreibungen auf Wertpapiere des Umlaufvermögens

**75 Zinsen und ähnliche Aufwendungen**
7510 Zinsaufwendungen
7530 Diskontaufwendungen
7590 Sonstige zinsähnliche Aufwendungen

**76 Außerordentliche Aufwendungen**
7600 Außerordentliche Aufwendungen

**77 Steuern vom Einkommen und Ertrag**
7700 Gewerbesteuer
7710 Körperschaftsteuer (bei Kapitalgesellschaften)
7720 Kapitalertragsteuer

---

| Kontenklasse | 8 |
| --- | --- |
| **Ergebnisrechnungen** | |

**80 Eröffnung/Abschluss**
8000 Eröffnungsbilanzkonto (EBK)
8010 Schlussbilanzkonto (SBK)
8020 Gewinn- und Verlustkonto (GuV)

---

| Kontenklasse | 9 |
| --- | --- |
| **Kosten- und Leistungsrechnung** | |

In der Praxis wird die Kosten- und Leistungsrechnung gewöhnlich tabellarisch durchgeführt.

# Sachwortverzeichnis

# Bildquellenverzeichnis

**Picture-Alliance GmbH, Frankfurt a.M.:** dpa-infografik 130.1.
**stock.adobe.com, Dublin:** HBS Titel; deagreez 1.3.